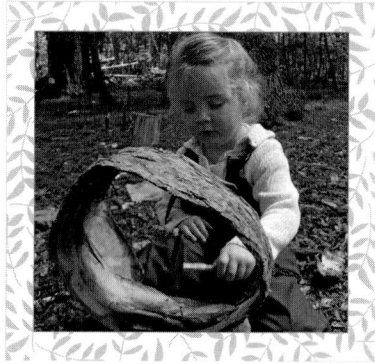

自 / 然 / 教 / 育 / 译 / 丛

自然幼儿园与森林学校

探索自然主义的学习方式

Nature Kindergartens and Forest Schools

An exploration of naturalistic learning within Nature Kindergartens and Forest Schools

[英] 克莱尔·沃登（Claire Warden）◎著

汪文汶 霍小雨◎译 张大治 马佳乐◎审校

教育科学出版社

·北 京·

前言

　　不堪忍受航行于汪洋的伶仃之苦，怎会坚守探索新大陆的奋勇决心。

——安德烈·纪德（Andre Gide）

　　每隔一段时间都会出现赞颂儿童和童年的佳作。和这些珍品相比，本书恐怕只是一点微光闪烁的零星碎屑，愿它成为您在人生长河中拾起的一粒砂金，不论去向何方，都以温暖、热情、坚定和勇气带给您支持和感悟。

　　作者在开篇分享了她对自然幼儿园的愿景。她认为儿童是具有能力和才干且值得信赖的个体，这种本体论观点贯穿全书，且内在无痕地呈现于各章节的论述中。提供更加连贯、灵活和丰富的自然课程，倡导儿童在独立学习以及和成人沟通、协商间达到平衡，成人倾听并鼓励儿童用自己的逻辑适应既定情境，避免把成人的智慧和经验直接灌输或强加给儿童，这是推动苏格兰教育转型的动力。尊重和商量、协商这类词在书中经常出现，体现了对儿童的尊重。作者认为儿童是天生积极的学习者，在学习的全过程中都应秉承相互尊重且不断沟通、学习、商讨的积极态度。

　　在儿童、家庭成员、幼教人员以及更大范围的社区成员之间建立社区意识是幼儿园生活的一个重要方面。在日常实操中时时处处强调携手合作，如邻里间分享自家烤的面包，借此聚在一起增进感情。室内的物品和布置是户外环境的反映，如简单且未经人工雕琢的材料、取自森林的天然材料或用于建筑的木料等。不论在室内还是户外，使用这类简单材料会让游戏方式更加开放。（作者特别提醒，开放式的材料不一定非得是"天然的"，但她确实非常重视资源使用的道德意识和可持续性，以及视觉上必要的和谐性。）正如作者所说，这种空间的联系是必不可少的，因为带儿童到户外空间的提法本身就把他们的世界割裂成室内和户外两部分，而事实上这二者应是联系在一起的。她解释道："一旦儿童被允许在自然中'自由'活动，他们极富创意的想法和情境总能令人感到震撼，让我们回忆起童年那纯粹的快乐，记起那段随心所欲、无忧无虑的时光。"

作者认为，儿童天生就与自然联系在一起，他们细致入微地观察和倾听自然的细微之处，并随之而动。作者也非常重视成人的态度和理解，因为她相信，在正确的态度和理解的基础上，技能和知识可以随之习得。受过传统教育培训的成人们往往"喋喋不休"，生怕教育过程中缺少口头表达，然而有效的学习却常在润物无声中发生。

本书鼓励我们欣赏周围美丽的自然风景，抛开固有观念，用所有感官倾听儿童的诉说。让儿童沉浸在自然中，自主探索将要发生或可能发生的事情，并相信，无论情况或结果如何，都是自然天成，顺理成章的。

有人提醒，过去传下来的东西，很多是值得学习的。的确，福禄贝尔、蒙台梭利和斯坦纳等教育家的主要理念并未过时。正如作者谈及与目前早期教育机构的联系时所说的，这些理念的先进性远远超过当前大量的实践。具体案例不胜枚举。在历史和当前视角下，许多地区和全球背景下的研究案例在本书中都有提及。读者可能希望更深入细致地了解这些问题，作者的态度仍旧是，既不引导，也不指导，而是播撒下种子，鼓励读者自己追寻和发现。

阅读这本书，我不禁回忆起自己的童年，手握绳子在战栗的瞬间荡过小溪，那美妙的感觉至今难以忘怀；想起和自己的子女在他们幼年时相处的日子，女儿米莎带回一只（非常难看的）甲虫，她说它在花园里"迷路"了，让我们一起帮忙寻找它的家人；想起今天的活动中，知更鸟飞下来向孩子们问好时，孩子们以满是敬畏和惊奇的表情表达着对自然的赞美。此时，我放下这本书，但毫无疑问我还会反复阅读。这本书让我有了不少属于自己的奇思妙想。希望更多读者读过本书后，也能思路大开，信心倍增，去追寻梦想和真理。

林·麦克耐尔（Lgnn McNair）[1]

苏格兰爱丁堡考盖特幼儿中心（英国）

1　获授大英帝国官佐勋章。

目录

第一章

创设愿景

告诉我，你准备如何度过只有一次、狂放且珍贵的人生？

——玛丽·奥利弗（Mary Oliver）

我的自然幼儿园事业发展之路始于十几年前，当时一位可爱的女士莎拉给我打了个电话。她身为人母，为了当地一所托儿所摆脱被关闭的命运正四处寻求支持和帮助。那时我虽胸怀伟大的"人生计划"，但并未找到发展和实施的具体方法。人生就是这样出其不意，而这次的意外事件，却开启了我在全世界的奇妙历程，成了我人生的宝贵财富。与一群家长商议后，我们决定效仿曾在斯堪的纳维亚半岛和欧洲见到的一些范例，按照我们的理念开办一所自然幼儿园。

自然幼儿园这个词既是我们寄予的定义，也说明了运作方法：让儿童在自然、户外的空间环境里长时间地玩耍和游戏。幼教工作者在这一空间里和儿童共处的方式方法也同样重要，我们认为这是我们理解的自然幼儿园能否取得良好运作效果和发挥重要作用的非常关键的因素。书中各章节后都对自然幼儿园的要点做了归纳阐述。我总结了自己在自然幼儿园事业上的发展历程，并写了这本书，这些都对我个人有深刻影响和重要意义。希望自然幼儿园这个概念也能引起您的共鸣，成为您热衷的事业，每章结尾都会提出一些重要观点供您思考，或有幸为您的事业发展指引方向。

创建自然幼儿园的决定基于一个坚定的信念，即在资源、环境和员工指导技能等方面，自然空间对于儿童来说最为有效和适宜。看得越多就越会反思怎样才算高质量的育儿。我曾在世界各地调研，听取很多从业者的描述，他们的工作环境各不相同，面对的儿童和家庭各式各样，期间我提出一个观点，西方传统育儿方法中有一些对儿童的内在发展并不总是最好的。

以下几点是我们提倡的方法背后的价值观。

家庭式空间，儿童数量不宜过多

随着大型幼儿园的数量不断增加，每个机构都容纳数以百计的儿童，这样的环境中儿童的情绪健康以及和家人的关系发展都十分令人担忧。因此，我们决定创建一个类似家庭的幼儿园环境，每个幼儿园接收当地儿童的数量最多不超过二十人，这样有助于建立和加强幼儿园与社区间的联系。每个机构建筑由多个单元房组成，内部空间不必很大，但力求舒适，一般会有壁炉取暖，配备毯子和拖鞋，这样的空间更贴近居家风格，同时便于儿童每天直接进入野外空间。

混龄活动

两岁到五岁的儿童在同一个家庭式幼儿园中共同活动，我们认为这会营造一种更"平常"的学习方式。类似家庭的组织形式能维持自然的年龄差距，为儿童提供一个缓冲区，在这里他们会感到心情放松，在以社区为基础的空间并不适合的一些方面和行为，在这里则变得容易处理。我们的自然幼儿园采用的这种学徒制学习模式在教育领域已经使用了很久，只要所有参与的儿童在思考问题的过程中遇到挑战，这种模式就会产生很好的效果。

社区中心

如果家庭在当地没有亲属，也没有经常性的聚会地点，城市生活实际上会让这样的家庭遭到某种程度的孤立。对于日托来说，不管是亲子游戏活动中心、家庭幼儿园、学前学校或日托中心，都能成为家长和育儿工作者参与社区中心活动的载体和平台，这正是福禄贝尔所说的交际。我们决定提供社会体验课，如制作毛毡、自制珠宝、建构活动、生态活动或家庭课程等，便于家长在送托期间，以及在周末、节假日和晚间相互建立联系。

简约的视觉空间，开放的资源

越来越多的过度设计缺乏创造性，这限制了儿童的思维。当儿童拥有一定的自主权，且课程和所处环境鼓励"跳出框架，解放思想"时，语言能力、反思能力、创造力、解决问题的能力才有机会获得发展。我们为自然幼儿园提供灵活开放的资源，保证这些资源在课程和活动中能够发挥多种用途。而且我们先观察儿童及其游戏行为，然后进行与之相应的环境设置。如，把黏土或橡皮泥放在角色扮演区域，或用于黏合积木或连接小人国游戏中的模型人物，不论在室内还是户外，均可使用。

有风险的学习

我们已经消除了自然幼儿园中最复杂的风险，但风险依然存在。全社会排斥风险的氛围不断发展，催生出蒂姆·吉尔（Tim Gill）所谓的"狭隘的童年"（Gill，2007），即童年的独立和自由遭到较大限制。在美国，针对儿童在溪流中玩耍事件导致的公众评论，理查德·洛夫（Richard Louv）谈到"自然玩耍犯罪化"（Louv，2005）的问题。我目前从事的工作具有全球视角，有大量机会接触儿童和持各种观点的人。规避风险是全世界的普遍趋势，同时也有部分执着自然教育理念的人在为儿童争取离开舒适区，体验肾上腺素飙升的权利。自然是儿童活动的首要场所，儿童的户外体验激发了许多人思考自己的生活空间，不管规模多小或城市化程度多高。

生态友好和可持续生活

塑料，特别是不可回收塑料，早已引起人们的担忧。地方政府加大投入导致幼儿园塑料设备和用品的数量快速增加，这是因为许多电子设备都是塑料制品。这导致了两个令人担忧的问题。

首先是对环境的影响，运至垃圾填埋场的塑料数量极为惊人。现在使用资源的儿童是未来面对垃圾问题的人，因此我们需要站在儿童的角度提出问题：那些损坏的教学资源将去向何方？购买教学资源的时候，人们会关心报废后的处理方式吗？我们的理念早已超越了单纯的生态意识。我们认为所有的自然幼儿园都应该具有绿色生态学校的资质，而且这应该是一个最基本的底线标准。对于其他国家的读者而言，这是苏格兰教育体系中的一个质量指标，确保幼儿园所在社区重视培养儿童的环保意识，鼓励儿童减少浪费，不乱丢垃圾，节约用电、用水，养成可持续环保生活的习惯和健康饮食的习惯，保护生物多样性并有效利用学校的运动场地。

其次，过分设计好的教具/玩具给儿童的玩耍空间是有限的，因此对学习者（儿童）来说缺乏灵活性。如果过于强调人造材料，并试图实现仿真，那么何不直接使用真实材料。真实材料大多具有较高的可持续性，尤其是直接取自自然的材料，如木制车轮。

公平交换

以全球视角看待教育，跨地区玩具贸易意味着一个地方的儿童在享受外来玩具的同时，也在为其他地区儿童获得玩具付出附加成本，这是不合适的。在自然幼儿园中，所有教学资源与材料不仅是可回收的，而且都是以符合道德的原则公平交易获得的。通过这项工作，儿童与制作产品的人们相联系，而不仅仅是儿童生活中经常出现的赤裸裸的商业利益。

身体力行

儿童需要多运动。人们对儿童的活动量进行了广泛研究，普遍认为当今儿童的运动量不足，其中相当一部分儿童有肥胖症。儿童喜欢吃的食物中常常含有过量糖分，尽管在过去的二十年中他们摄入的热量在持续减少，但久坐不动的生活方式仍导致脂肪堆积。就算没有理论研究的支持，有见识的成人也懂得运动对于儿童的重要性。在积极且充满冒险的游戏和玩耍之后，儿童感到疲劳是很正常的，这种体验没有坏处，不需要极力避免。为了促进儿童多运动，自然幼儿园的室内很少设置让儿童久坐不动的空间，即便有此类设施，也可以收起来，或根据需求以不同方式使用。不论天气如何，自然幼儿园的儿童可以一直待在室外，或至少保持每天六小时的户外活动，一年到头，每天如此，儿童跑动、爬树，甚至只是站在树冠下的开阔空间，都有助于他们的体格发展。

身心健康的考虑

自然幼儿园的伙食都是卫生和健康的。我们鼓励儿童动手烹饪和探索新食物。当前研究表明，儿童可能需要10—15次品尝才能形成对某种食物的偏好。

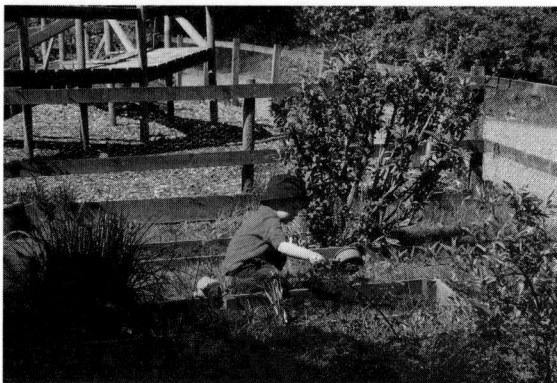

烹饪食材与花园中种植的农产品之间有着紧密联系。食物短缺的时候，成箱的有机蔬菜和水果都可以作为辅食。如果设置了儿童厨房，儿童便可以每天自己制作面包和其他食物。儿童可以在附近的种植区采摘应季蔬菜和水果。我们收集的野生食物应由具备相关知识和经验的成人辨别，逐渐帮助儿童认识哪些是野生动物食用的，哪些是人类可以食用的。

生理健康往往比心理健康更受到关注。在情感波动时，人很容易受到内心感受的影响，进而发展成生理伤痛。自然幼儿园全方位关注儿童，帮助儿童锻炼提高情绪适应能力，这对儿童未来一生的发展都有裨益。接纳自然，感受环境的静谧和内心的平和，能够增益自我认知。在该框架下，这种开放式体验非常明确且积极地促进其他各方面向前发展。

儿童是积极的思想家

在我的整个教育生涯中，不论课程文本和政策如何改变，我一直坚持儿童需要和学习产生联系，并在此过程中受到启发和激励。拙著《谈话与思考》（*Talking and Thinking*）在改变人们的态度、提高沟通技巧等方面颇受欢迎，它帮助人们认识到建立学习的联系不只靠提问与回答，还需要讨论和回应。得君倾耳听，胜过万两金。我们应该征询儿童的意见，这样才能让儿童真正参与到学习过程中。毕竟，儿童有他们自己的人生。自然幼儿园采用了这本书的计划方法，书中也记录了许多集体学习的案例。我认为学前教育工作

者长时间开展户外工作的技能与儿童的沟通及反馈能力密切相关。

对于年幼儿童来说，语言应该具有目的性。儿童对周围世界充满好奇，在自然中他们会问许多问题。儿童会花数周的时间研究火以及火需要什么进行"呼吸"，或者我们可以用一年多的时间反复阅读相关图画书，以记录某个奇特想法的发展。

儿童具有才华和能力

评价是教学过程的重要组成部分，很多儿童评价体系把学习和经验分割开来。我认为，为了真实反映儿童的思维能力和水平，应该在儿童感到舒适的场所和环境中听取儿童的想法。儿童的学习过程应由他们自己完成，成人的作用是在此基础上进行指导和提供支持。人通过认知或后设认知过程对学习过程本身进行重温和思考，从而了解学习过程中的问题和盲区。在自然幼儿园的儿童有时间向我们展示他们的学习成果。记录系统适应儿童的天性和习惯，因此这样的评价是形成性的，也是总结过程的重要部分。很多观察内容都发生在户外和一些集体活动中，如 3D 思维导图，从"谈话点"提取主题内容并激发儿童思维。这些过程能让儿童有时间建立联系，考虑已经掌握的知识和意识并进一步发展。

相信儿童的自我保护意识

儿童的能力表现在多方面。如果允许儿童使用真实材料，那么一定要信任他们，不要总盯着他们，监视他们如何处理意外。我相信任何一名儿童不会那么轻易就淹死在水塘里，也不会愿意用绳子绕住脖子玩耍，我相信自己的判断，也相信儿童的判断。总有一些儿童需要更多的呵护和支持，但不应该以个别儿童需要的专业护理标准去限制所有儿童的生活。

尊重儿童的观点、个性差异和能力水平

成人应该认真倾听儿童的声音并做出回应，应该真心关注和对待所处同一时空的人。探索全世界不同的文化，人们对待老人和儿童的方式是很有趣的，因为这两个群体可能是边缘化和不受重视的公民。儿童在很小的年纪就会有自己的观点，成人应该信任他们，因为他们能帮助我们为教育机构创造更符合实际的理念和方法。

第二章

何谓自然幼儿园？

携手同心，以充足的资源和工具为儿童提供梦想空间。

——克里斯蒂娜·诺博（Christina Noble）

越来越多的人开始探讨户外自然学习，兴趣日益浓厚的同时，随之而来的是与日俱增的术语和千差万别的方法。我是自然幼儿园的创始人，担任过森林学校的校长和顾问，也是一名家长，我不遗余力地倡导把儿童带到户外，亲近自然环境，也用各种可能的方法把自然元素带入教室和操场，努力让儿童时刻保持和自然环境的联系。通常这些儿童周围的成人们早已失去了这种联系。

当前一些教育模式中已经存在类似理念。如，"Ich ur o skur"在瑞典语中译为"雨水"或"闪亮日托中心"；斯堪的纳维亚半岛各国语言中通用的"Skogsmulle"，其意义类似英文中的"森林学校"，也有"营地团体"的意思；"Metsämörri"在芬兰语中和"Skogsmulle"同义；"Udeskole"在丹麦语中指接收7—16岁青少年的森林学校。每个词语的含义在户外活动时间、活动结构设置和面向学生的年龄等方面各有不同。所有这些模式都须建立在其文化框架之内。斯堪的纳维亚人的户外教育模式称为"friluftsliv"，它包含一种文化生活方式，需要进一步的阅读才能完全理解，它深深根植于其文化规范中，与之有着紧密的联系。

我们的事业模式，从景观到食物、需要的材料和资源，以及其中的社区意识，还有儿童早期渴望被倾听与重视的天性，方方面面都与"大自然儿童园地"的愿景有关。

为什么以自然作为理念核心呢？在全球范围内从多层面论证其实用性的研究十分广泛，以下研究和发现印证了我们的价值观。

● 经常在自然环境中活动的儿童具有更强的运动适应性，除了身体协调、平衡和敏捷性更好，生病概率也较常人低很多。（Grahn, et al., 1997; Fjortoft & Sageie, 2001）

● 儿童在自然环境中玩耍的方式更为多样，过程充满想象力和创造力，有助于提升语言能力和合作能力。（Moore & Wong, 1997; Taylor, et al., 1998; Fjortoft, 2000）

● 置身于自然环境中有助于儿童提高意识、推理和观察能力，从而提高认知水平。（Pyle, 2002）

● 置身于自然能降低压力，并有助于多种疾病的治疗。（Kahn, 1999）

● 自然环境能缓解儿童在生活中面临的压力，帮助儿童应对逆境。接触自然环境时间越长，好处越多。（Wells & Evans, 2003）

● 宁静的自然对注意力缺陷障碍儿童的发展有积极影响。（Taylor et al.,

2001）

● 对自然的亲近和热爱、积极的环境理念都源于童年时期经常接触自然并在自然中玩耍的经历。（Chawla，1998；Sobel，1996，2002，2004；Wilson，1997；Moore & Cosco，2000；Kals et al.，1999，2003）

● 童年时期在自然中的经历对想象力和好奇心的发展有积极的影响。（Cobb，1977；Louv，1991）

● 好奇心是人终生学习的重要驱动力。（Wilson，1997）

● 在自然环境中玩耍的儿童彼此间会产生更积极的影响。（Moore，1986）

● 自然环境能够促进儿童之间的社交沟通。（Moore，1986；Bixler et al.，2002）

从研究中明显看出，儿童和自然有着天然的联系，哪怕在最不像自然的条件下，他们也会寻找和发现自然。一名两岁的小女孩在停车场玩耍，她的注意

力完全被墙根下的东西吸引了。成人靠近时，她转过头，悄悄指着她之前一直在砖石间抠的一个小洞：是一只潮虫。

她轻轻拿起小虫，放在马路上，捅了捅它，然后静静地看着它离开。在与墙根下的小虫邂逅的全过程中，小女孩全身心投入，聚精会神地观察着小虫的一举一动。

我们已经通过研究了解到儿童需要自然，那么儿童需要自然的时间是多长呢？一两个小时还是十五分钟，而且该用怎样

的方法呢？至少应该每天接触，之后增加时间，这样儿童可以放松、投入。森林学校的兴起令人欣喜。我最初和布里奇沃特学院（Bridgewater College）的戈登·伍德尔（Gordon Woodall）以及苏格兰林业委员会（Forestry Commission in Scotland）的萨利·约克（Sally York）接触时，探讨是否可以利用当地的林地作为森林学校。当时整个项目几乎尚未起步，虽然有护林人在林地里陪护儿童，但并没有推广开来，也没有形成总体性方法。我对自然课程中的知识平衡很感兴趣，这些知识的定位决定了课程如何运作。如果护林人拥有这些知识，似乎会对教育者与现场儿童的互动产生影响。如果教育者水平很高，具有关于所处自然空间及如何在其中生活的丰富知识，那么他们的所作所为就会体现在与儿童的互动中并把经验传递给幼儿园。在英国，教师和从业人员会在数周内每周安排半天课程，让儿童去林地参加森林学校，但并不强制他们必须参加。值得一提的是，许多森林学校的负责人都获得了户外教育资格认证，而且护林人也在不断提升对教育方式的认知水平。我们认为这种教育方式和自然幼儿园之间仍有不少区别，只有把日常生活和野外环境紧密联系起来，才能确保在不需要其他成人的第三方条件下，将相关知识在家长和儿童之间形成真正的分享。

不幸的是，在有些情况下，森林学校的课程计划通常由成人决定，因此在方案设计上，常常为了适应项目的需要，以提升特定技巧或知识为目的，如搭建庇护所、取暖等。虽然在每周课程之间的间歇时间会有一些灵活安排，但大多数学校都会按照既定方案坚持实施。

正是在这个方面，我认为儿童早期教育应该有不同的模式，也正是在这一点上我确立了自己的自然幼儿园的理念和风格，以满足英国儿童、家庭和主流教育系统的需求。我认为儿童年龄越小，就越应该以积极响应和宽松灵活的方式对待，这样才能在连续数日内帮助他们有目的地提升技能。对于两岁儿童而言，一个星期中开展各类集体活动已经是很长的时间了。自然幼儿园把70%甚至100%的时间安排在户外，日复一日，以小组为单位探索自然的微妙变化。

苏格兰的早教中心必须要有户外活动场地，否则不会得到当地政府的支持。然而从质量方面来看，各机构户外活动场地的设计理念和风格极为多样。即便是很小的机构，也有接触自然或近似自然的空间和场地。户外环境只是一个方面。我们的理念是面向所有儿童创立一个自然幼儿园，更加尊重儿童的意见和个性，倡导思想交流和团结合作，且室内外兼具可接触的自然空间。所有要素协调统合，共同构成育儿风格，只片面强调某些因素是不行的。

树木绝对能让人感到亲近自然。物在人未见，人去物犹在，这种感觉会令所有人不由自主地皈依自然。由于苏格兰大部分地区没有林地，但却有很多美丽的山川海岸，森林学校这个提法似乎并不适用。在学前教育领域我乐于接受任何形式的户外活动。然而，除非接受理念和方法上的变革，否则就会成为一个仅仅让儿童周期性在森林中开展活动的森林学校，这和自然幼儿园还是有区别的。

我们自然幼儿园的理念是，遵从自然创造的情境，由此产生的课程比刻意计划和活动趋向的课程更为自然。草原、海岸、泉水、山岭、沙漠或冻土，课程在任何空间都能实现。不一定非要有森林，虽然树木可以挡风遮雨，但仍有其他办法。第一章阐述了我们的基本理念，所有这些理念综合起来创造出的自然空间，配以协商式的教育风格，鼓励儿童承担风险，长期持续接触自然，使儿童与自然建立真正有效的联系。许多儿童没有探索的自由，没有机会在游戏中考验自己或体会"失控"的感觉。当儿童的游戏行为受到限制时，内心就会尝试寻找另一种达到游戏目的的方法。我们在自然幼儿园中设置了一些斜坡，有一些很陡峭。儿童跑下斜坡时，让他们体

验在失控中进行掌控的感觉，我们认为这很重要。在这方面过多施压会剥夺儿童情商发展的机会。

接下来的章节将为读者介绍创立和运营自然幼儿园的一些巧妙设计。内容引人深思但又是客观事实，因为多年来正是儿童让我们认识到，最基础的，恰恰是生活中真正重要的东西。

要点

● 与世界上其他以自然为基础的学习方式相比，自然幼儿园在工作中有不同的框架和方法。

● 我们定义的自然幼儿园，与对儿童的陪伴、呵护和教育方式密切相关。

● 以自然为基础的学习，不论室内或室外，对于儿童而言都更加和谐，有益于儿童的全面发展。

第三章

发挥强大学习力

有趣与否，儿童一看便知。

——罗伯特·派尔（Robert Pyle）

如何看待学习？是否应将其定义为一场永不停歇的终生旅程，一场充满激情与活力的盛宴，一个过程而非与产品相关的活动，走出舒适区时感到困惑和有点不舒服的一种体验。对学习者和学习过程的定义和描述如果仅停留在日常生活层面，那是不可靠的，但仍有人持传统观点，认为儿童如一张空白画布。教育领域中的许多观点都认为儿童有极强的学习能力。随着时间的推移，人们对自己以及面向儿童的教学过程的认识不断发展。成人思维不仅受到自身经验的影响，也受到周围其他人的理念和价值观的影响，如福禄贝尔、裴斯泰洛齐、蒙台梭利、斯坦纳以及意大利瑞吉欧艾米利亚地区的教师。

　　福禄贝尔的观点是成长与森林密不可分。以儿童为主导，以自然为基础，这是他工作的核心，他一贯重视游戏在学习中的作用。福禄贝尔创造了"Kindergarten"（幼儿园）一词，意为"孩子们的花园"，强调"花园"在儿童阶段的重要性。福禄贝尔从自然中寻找学习资源和物料，如自由组合的积木、空心木球、石头棋子，这些都被称为恩物。通过福禄贝尔与裴斯泰洛齐的努力，20世纪初在德国逐渐发展出斯坦纳教育运动。

　　斯坦纳的教育理念是尊重和保护童年。成人的作用是引导，而非主导，应创建像自然幼儿园那样的能够支持儿童探索和学习的环境。斯坦纳支持冒险行为，他鼓励儿童在游戏中推搡，认为这是只有成人才能抑制住的现象。进入自然幼儿园的儿童，可以从日常接触的熟悉空间开始，小范围扩展，以缓慢的步调走出舒适区。而每周一次的森林学校课程中，儿童需要在室内与户外两个空间之间辗转切换，因此很难达到这个效果。北欧的瓦尔德幼儿园或儿童森林花园等地贯彻了斯坦纳的理念。在斯堪的纳维亚地区，如挪威，"户外运动/新鲜空气生活"的理念已经融入更广泛的家庭和社会文化结构中。各国对学习过程和风险点的态度各不相同，但都对我们的实践有影响。第五章还将提到这些思想。

　　斯坦纳学派的工作重点也在于灵性信仰。有些时候，许多成人在置身荒野时流露出某种灵性。在较大框架中感知自我，注定是有局限的，而在更广阔的空间中自身如尘埃般渺小，相比而言后者的自我认知必然更加清晰。凝望星空，或在强风中挣扎的时候，能更加真切地感受到自然的伟大和人类的渺小。

　　创造和虚构是斯坦纳工作的核心，对感官接触的强调与在自然中进行的活动密切相关。随着人们对自然教育的认识不断深入，我们很高兴地看到全球各个国家和地区被同等看待。行为研究类型的网站，如总部设在美国的世界教育论坛（World Forum of Education）帮助从业人员建立联系和跨境协作，这比将土地视为自然宝藏的国家战略有更好的实效。

我们根据蒙台梭利的理念创建了第一所自然幼儿园。在蒙台梭利的工作中，自然的地位深受罗马贫穷地区的影响，贫困导致自然的可利用性成为成本的关键因素，但这随后给了她向世界上所有国家推行其理念的机会。蒙台梭利通过重复促进巩固，这已在我们的工作中得到运用。然而我们并没有明确界定"时间限制"，因为儿童在认识周围世界的过程中，产生的想法和试图理解的过程是持续不断的。在森林中玩耍时，他们自然会一遍遍地爬木头，或把冷杉果并排摆放在某块石头上。单个事物的摆放也值得注意。在幼儿园里，对抽象概念的演示也有规则可循。如在室内外使用的感官数学教具需放在木制托盘上。不论在室内还是在室外，一定要尽量使用自然材料。自然在户外创造了独特的展现方式。蒙台梭利日常生活技能教育的活动组织要素已经齐备。如何穿上防水裤，安排制作面包的烹饪活动，照料植物，擦干净满是泥巴的鞋子，收拾花园和室内区域，这些都是自然幼儿园工作中应积极安排的内容。

在瑞吉欧的一次学习中，我们看到蒙台梭利对教育风格发展的影响，这是很有意义的，它无疑影响了洛瑞斯·马拉古齐（Loris Malaguzzi）。他所在的社区中有很多富有工作热情和能力的女性。瑞吉欧·艾米利亚市政当局提供资助和支持，当地教育工作者也对儿童持积极观点，这些共同促成了教育价值观的转变，并最终成为全世界的典范。教育工作者相信儿童的能力，认为环境是父母和教师以外的第三位教师，在学习中发挥创造性有多种解读，这些都与自然环境密切相关。现实生活中，儿童长时间的户外活动在意大利受到强烈的文化观念的影响，即天气影响健康。自然被视为诱发因素。在我们探访的大多数幼儿园，成人会在教室内呈现自然，而这些教室一年中的大部分时间都封闭在折叠玻璃门内。在探访的幼儿园中，户外旅行的时间很短，而且常常仅是在攀爬架上锻炼身体。这里的教育工作者认为今年还需继续努力支持当地幼儿园更多地开展户外活动。

在意大利北部的伦巴第，我们发现了一种通过教育主管领导支持公立学校开展户外活动的方法。有证据表明，这里的儿童经常在户外花园里玩耍。学校与当地农场密切合作，儿童在数周内多次参访，拓展游戏体验。在农场中为儿童设置了自然体验区域。农民的反馈是，儿童需要时间适应新环境，真正融入自然，否则幼教机构的安排就只能停留在"活动"层面。自然体验是有针对性的，每个农场各有特色，如它们生产各类甜玉米、蜂蜜、水果或橄榄。在养蜂场，儿童可以使用蜂蜜烘焙食物，用蜂蜡制作蜡烛。这一体验无疑使儿童了解了当地的农场文化，了解了食物的来源，而且真正体现了玩中学的教育理念。

在所有这些方法中，有些情况是关于儿童和他们天生的学习动力的理想主义概念，在关键时刻或触发因素中都有一致的线索。约瑟夫·克林顿·皮尔斯（Joseph Clinton Pearce，1977）提出"神奇时刻"的说法，瑞吉欧的一些人在2009年提出"学习节点"，查瓦拉（Chawla，1990）提出"辐射宝石"，华兹华斯（Chawla 引，2002）提到体验"时间点"。把这些联系在一起的是一种情感转变，这反过来又可能代表一个新的学习方向。这个方向可能是相关概念的深化和改变过程，或者也是对团队凝聚力的肯定。学习方向是多方面和多方位的。教育工作者在工作中正需要把这方面的问题放在更大的国家教育文化框架内考虑。当参观公园或走进自然的教育方案成为计划的一部分时，可能会出现一系列活动或事件，但这些活动未必能够引发"神奇时刻"的出现，并进而成为追问的线索。换言之，如果我们对自然心存疑虑，就需要为体验提供一定的保障。所以接下来的发现和记录方式必须考虑到学习过程的灵活性。

文化和气候对各种方法的影响也是值得注意的。挪威文化看重户外生活，而其他课程则看重走向户外。措辞上的细微不同背后实则蕴含思想理念的巨大差异。置身于整个户外空间的存在和生活，需要时间思考，到户外玩耍然后回来，这只是短暂和过渡性的接触自然。

为期一年的学习环境研究包括皮尔斯的户外活动和瑞吉欧·艾米利亚地区的室内活动。所以当我们深入观察时，传统上在户外花费时间最多的是18世纪在欧洲各地设立的托儿所或生态学校。

衡量这些时刻对学习的影响，不能用一天或一年，而要用一生来计算。华兹华斯谈到"时间点"，同时包括创造令人难忘的体验，在这个过程中儿童"还没有把自身与周围环境区分开"（Wordsworth，1850）。成人经常回忆起在自然中的种种神奇体验，并从中汲取灵感，这些成为他们最印象深刻的童年记忆。一些最伟大的发明家花了大量时间探索自然，爱迪生努力驾驭自然，亚历山大·格雷厄姆·贝尔（Alexander Graham Bell）设法克服地理扩散问题。艺术家们则以自然为灵感源泉，如雷诺阿、康斯特布尔和莫奈，他们都在作品中努力刻画和表现自然的光。

一些与人类和自然相关的研究似乎源于户外教育和环境教育，从事此类研究的人也常常经历危机与风险。在教育领域出现了一种潮流，即与体验的本质相联系，并试图用与自然关联的方式改变传统的"征服自然"观念下的户外冒险运动，如此一来，人们更加推崇在河边远足，而不是慷慨激昂地驾驶独木舟在湍急的河水中漂流。科林·莫特洛克（Colin Mortlock，2000）没有强调对空间的掌控能力，而是更多地描述了对这种联系的感受，就好像"我是海洋环境的一部分……，完全接受周围的一切都与我相联系，都是我的一部分。这是对和平与和谐的一种最深刻的感觉"。

合作或协作学习是一种过程和教学策略，能力或年龄不同的儿童被编入一个小组，以组为单位参与各种学习活动，以提高儿童对某一主题的理解。主要包括正向依赖、面对面互动、个人和小组责任制、个人与小组间技巧以及小组自评。这些方面的细节在自然幼儿园都应有所体现。当融入体验时，儿童必须独立选择去哪里，是否去攀登等。从小就鼓励儿童相互交流，和工作人员主动对话，这样，口头表达会作为一种学习方法更加得到重视。召开会议探讨团队责任，如讨论"为什么画笔都变形了"。儿童通过角色分配承担责任，解释行为，创造物品或者与别人分享学到的东西。此外，安排时间探讨人际交往能力，这对建构学习共同体至关重要。我们在工作中使用的地板书[1]（floorbooks）把个人和小组自评结合起来，不但有助于儿童学习，也能帮助他们回顾和巩固。

幼儿园工作的重点是儿童在没有成人过度指导的情况下形成共同体。社交技巧会自然发展起来，因为户外空间不包含可能妨碍团队动态的期望值标准或设定的工作方式。幼儿园成立的要旨是以各种形式贴近"家庭"模式。小孩子得到大孩子或更有能力和知识的孩子的支持，所以支持的动力因环境而异，因时间而异。

在德国参观沃尔德幼儿园时，我们意识到，我们经常把儿童"聚集"起来。这些儿童的日程安排中有一项内容是在公共树林里的一个庇护所停留。他们可以在庇护所避雨和休息，然后在白天或集合

1　地板书是本书作者创立的一种儿童活动策划方法和工具，儿童在超大尺寸的纸板或书册上通过文字、图表和照片等方式做观察记录并分享想法。此方法和工具有利于帮助儿童在学习中相互启发，促进高阶思维能力发展。——译者注

间隙离开。他们进入的是一个约 1 米深、3 米宽的坑洞。

这些照片生动地体现了儿童的不同体验，这些体验发生时几乎都是儿童在一起，且具有非常清晰的个性痕迹。

这些儿童在看天空、削木头、唱歌，在绿色的小树上跳来跳去，靠在树上聊天，深入谈论着用来做激光枪的木头。虽然成人离这些儿童距离较远，但很清楚他们在哪里，以及谈话内容是否"健康"，是否冷静，是否具有挑战性且是否存在对个别或其他儿童过分的偏见。当然，儿童之间有不同意见的情况是可以接受的。

多年前，我受托管理斯皮格里（The Speygrian）慈善机构。这家机构建立于苏格兰，最初的理念源自一次加拿大之旅，即把来自全国各地的艺术家、音乐家、诗人和教育家等聚在一起，共同分享一段旅程。我参加的第一次旅行是和一群人聚在苏格兰西海岸马尔岛上的一艘帆船上开展为期一周的训练。在远方一起学习是一种联系和结合的体验。面向 3—18 岁儿童开展工作的成人混合分组，这让大家都意识到教授不同年龄段儿童的教师所面临的限制。我们在旅行中创建的二级多学科方法也成为苏格兰（儿童与青少年）卓越课程教材中的正面案例。而学科分类与马拉古齐"儿童有一百种语言"的思维表现形式有所不同。在斯塔法岩石小岛（苏格兰西部岛屿）上的体验令我至今难忘，很难找到合适的词语来形容这种感觉。巨浪拍击下，芬格尔山洞背后响起鼓声，在大海的威力面前，人类的声音显得如此微弱，身处洞穴里，玄武岩柱如此令人敬畏，我们都沉默了一段时间。返回船上，人们重归自己的世界里绘画、写作、演奏音乐等。成人对无处不在的造物神器和狭小空间里的自然之美视而不见，但儿童不然。大量的体验才能唤醒成人的意识，儿童可能每天都在感受这种联系，我们

是否注意到了，是否真的了解了。如果不提供机会，那它可能就不会发生。

我们稍微分析一下自然体验的发生过程。认知心理学家研究了儿童思考和学习的方式。先建构已知事实的框架，然后把新知识附加到框架上，这种模式已经在教育中使用了一段时间，这个过程称为归纳推理。然而新的研究表明，也许我们正试图让儿童以成人的方式思考。归纳推理主要有两类，分别是基于分类的推理和基于相似性的推理。基于分类的推理将信息整合在一起，并对群组进行归纳，以便快速进行比较。在"专家"出现以前，大多数成人似乎是以这种方式学习的。所以我们可以把树木想象成一个大的群体，并归纳出落叶树和常绿树。在这当中，我们可以把常绿树简化成针叶树。事实上，并非所有针叶树都是常绿树。成人似乎认为同一组中的所有物体具有相同属性，这就导致了不准确。

和成人不同，儿童是通过基于相似性的推理来学习，在这种推理中，对相似性和差异性的观察会促使儿童产生想法，如理解的框架。每当有新信息出现，儿童就会密切关注，寻找相似性和差异性。看着树木，他们可能会根据相似性把树木归类，如相似的树皮、依水而生、叶子摇晃，或者树枝上长着黑芽。这种仔细观察相似性和差异性的方法与大多数成人的视角不同。

在自然幼儿园工作时，我们侧重让儿童有思考新信息的机会，并为他们创造机会观察小群体的相似性和差异性，为儿童自己的学习策略提供支持。

我们认为情绪恢复能力的发展是周期性的。一种内在的力量支持人们在生活中面对问题，并使情绪得到恢复。儿童通过自我意识的发展来培养这种能力。这是非常复杂的，我们也只能在本章中介绍这个概念。然而，由于我们在自然幼儿园和森林学校所做的大部分事情都是关于"自我"的，因此我们应该从它对学习的影响来探究。

自我概念是对自己独特个性的感知，如外表、能力、气质、体质、态度和信仰。这些决定了我们对社会地位和人际关系价值的看法。所以自我概念是对关于自身的想法的各个方面认知的总称。

自我认知和理想自我之间存在一种可变关系，两者相互关联。自我认知代表"我们是谁"，理想自我则代表"我们想要成为怎样的人"。自我认知通过对自身的认可和重视程度产生。这些关系，首先是与父母的关系，其次是与其他重要的人的关系，给我们反馈，改变我们对自己的看法。

理想自我是一种神秘的状态，因对自我受到他人欣赏的核心品质的认知而产生。当人们与他人或外物的关系获得的反馈说明自身的道德、尊重、恰当的行为得到尊重时，就会形成自我欣赏的形象。

简言之，自尊即自我认知和理想自我之间的关系。如果自我认知良好，且接近理想自我，则自尊心强，认为理想自我的目标可以达到并值得为之付出努力。如果自我形象欠佳，且认为与理想自我相距甚远，则自尊心弱，为改变所付出的努力也会被认为是一时之为或徒劳无功。

我们认为儿童是有能力的，这里还包括一个共识，即儿童知道自己在做什么。我们鼓励儿童去承担行为的后果，所以选择从森林里搬木头的儿童必须自己运输，在数周内坚持完成任务，让所有儿童都能通过自己的行动获得成功，而不是通过空洞宽泛的溢美之词。儿童从两岁开始进入自然幼儿园，向父母／大家庭的成员寻求"依恋"。对于一些已经因为不切实际的期望而在自我形象和理想自我之间感到不平衡的儿童，我们开始在室内和户外的所有互动区域保持一致性和可靠性，这使成人建立起一定程度的信任，进而影响儿童对成人观点的看法。为了成为一个"重要的人"，我们需要通过关爱赢得儿童的尊重。最初从匈牙利发展起来的拉伊哲学（the Rye philosophy），在我们知道这个词之前，它就已经在工作中产生非常重要的作用了。在关爱儿童以及面向各年龄段儿童开展工作时，应有的尊重应体现为把时间和行动交由儿童掌控。我们自然幼儿园的工作人员并不会催促或灌输，而是尊重儿童的自主性，尽力给他们充分的时间和自由，这样有利于儿童感受事物的因果联系。

案例研究：在树里面

暴风雪过后，树林里许多树枝掉落在地，一根道格拉斯冷杉树枝折成两

段。孩子们聚集在树下，用许多不同的方式探索这一区域，有的砍掉树枝，挪到他们的小房子里，有的爬上去躲在树枝上。一个三岁男孩躺在树枝上，仰望着那棵高大的树，另一个孩子则假装那棵树是一艘宇宙飞船。

一个四岁男孩在树枝上抚弄着粗糙的木头说："这是树枝的里面，树枝从这个地方被撕开了……，看到白色的那个头了吗？就是从那儿掉下来的。"他坐在树枝上，然后滑入两半之间的缝隙说："我在树里面呢，就像一只松鼠在它的家里，过去松鼠的家在大树顶上，现在在这儿！"半小时后，他躺在那里，被粗糙的木头包围着的感觉使他很高兴，他发现自己置身于自然中，这是他在平常无法感受到的。

案例研究：树的思考

四个三四岁的男孩正坐在树林里的一根断木上，环顾四周，而后爬上树，树

叶从树上掉落。他们谈论树叶的形状和颜色，并说很快就不会有树叶了。其中一个孩子问："你知道为什么叶子会掉下来吗？树根里的水分不足，叶子先变成褐色，然后枯死，最后掉落。"看着一些落下的梧桐叶，有的孩子说："那些黑点就是叶子生病的地方，但它们仍然在生长，然后掉落。"

一个五岁男孩说："圣诞树上没有叶子，它们是针叶，但它们也是叶子，只是看起来像针。就像树林里池塘边的松树，它们被称为常绿树，因为不是所有叶子都在秋天掉落，所以我们才会有一棵圣诞树。"

讨论转向可能在树上的动物。"松鼠在秋天做什么？"有人问。"它们住在高高的树上。我们需要用望远镜才能看到。"男孩们从保护树干的裹布里找出双筒望远镜，而且他们之前还在树林里放了一些他们觉得需要的物资。

男孩们躺在潮湿的草地上，抬头望着树。讨论仍在继续。"精灵们也住在那里，它们帮助动物们获取食物，因为冬天一旦下雪，动物就没有食物了。"

孩子们在树下发现一个小蘑菇，其中一个注意到："看，那是一个精灵蘑菇，隐藏在狐狸和人身后。它的大小和精灵一般，狐狸和人要它飞到树顶上！"然后，四个孩子都安静地躺在那里，静静地望着树，就这样过了十五分钟。左边呈现的画是孩子们返回中心后画的。这个"神奇时刻"——身处自然中的一个瞬间，当时在现场没有也无需任何分析，就这样发生了。后来，孩子们与教师以各种不同的方式进行反思和故地重游。

要点

- 学习是整体和全方位的，自然鼓励跨学科式的体验。
- 在一个学习共同体中，反馈和联系支持共建建构主义。
- 自然提供了"神奇时刻"，以一种与儿童紧密相连的方式深化学习。

第四章

享受彼此陪伴

自然赋予人一张嘴，两只耳，所以我们听见的会是我们说出的两倍。

——伊壁鸠鲁（Epictetus）

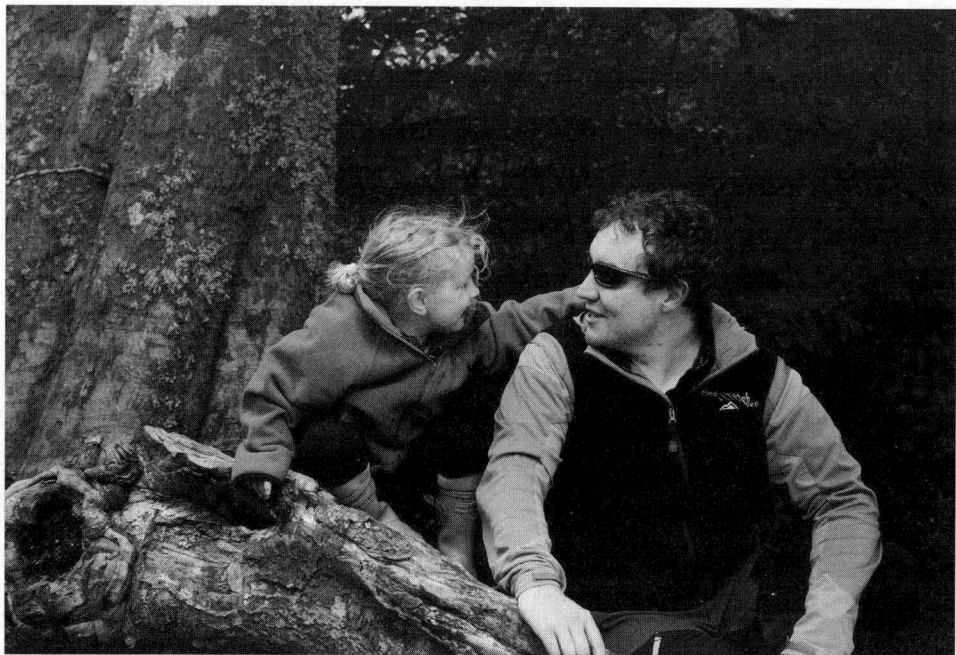

本章着眼于我们先前在自然幼儿园网站上检索到的一些信息要点，我们认为这些要点说明了成人在自然幼儿园中应起到怎样的作用。

"许多成人都在谈论重新发现'如何学习'带来的乐趣，这是他们第一次观察儿童时的发现"（Lally，1991）。崇尚儿童自主，把自己定位在辅助作用的教师更有同感，他们观察整个游戏过程，了解儿童行为，听他们讲话。他们从儿童身上学习，如同儿童向成人学习一样。双向对话使成人将规则的等级和类型与儿童目前正在探索和发展的框架和思想进行匹配。英国"有效学前教育"项目（EPPE project）的一项发现与成人参与自主性游戏的自主性程度有关。在支持程度适当平衡的情况下，高阶思维出现得更多，参与程度更高。

在自然幼儿园里，我们努力要求教师成为研究者，不断思考如何改进工作方式。每年有很多人来参观，他们在探寻更自然的与儿童相处的方式。儿童在树林里读地板书，而后才思泉涌，畅所欲言，并列入日常规划。在活动期间认同儿童为全面的学习者，以相关联和支持性的方式进行观察和评估，使用便携设备，如 Flip Mino 摄像机、录音设备和小记事本等。在一整年中，成人的观察和反思带来了分享内容和学习故事，儿童的声音贯穿于整个谈话和思考过程。

学前教育师资的能力建设一直是全世界探讨的议题。从苏格兰大学里设置的儿童研究本科专业，或英格兰颁发的早期从业资格证可以看出，在主流课程中都没有包括有效的自然幼儿园实践所需的许多互动和规划技能。苏格兰采用的这种获得早期从业资格证或顺利从儿童研究专业毕业的方法，不论对偏远乡村还是城市，都面临许多挑战。许多优秀的教育工作者可能仅仅因为缺少一纸文凭而无法施展才华。

事实上，我们注意到，在幼教机构中造成工作人员素质差异的一些因素更多的是人际交往技巧，这些往往源于人的个性特质，因此难以教授。

- 与儿童交谈的能力：因为确实很想听儿童讲的是什么。
- 理解能力：不必总是问问题。
- 一种近乎直觉的人际智能：即"读懂"对方的能力。
- 毅力和热情：帮助自己和身边的儿童渡过难关。
- 信守承诺、为他人服务、不计代价。
- 了解学习之旅的知识。

如果摆正态度和理解正确，技能和知识可以很容易学会。"同伴合作"一词代表了我们在幼儿园提倡的人员配置方式。与儿童一起生活的好处是让团队有一种平衡感，年长的成员给予支持，不同背景的人会带来工作所需的各种重要技能。我们计划的内容就包括技能和人才的融合，面试和选拔在森林中进行，一些工作人员可能需要继续考取更正式或更定制化的从业资格证来研究户外工作和玩耍的方法；另一些人则有既定的方式，他们要学习的是早期教育理论。

家长以幼儿园合作伙伴的身份参与面试。儿童的想法会被考虑，如儿童喜欢"笑脸、结实的手臂和拥抱"。有时，坐在幼儿园的协调员身边的是更传统的户外教育专家。他们热爱大自然，会要求应聘者具有户外教育资格证。我们支持员工学习必要的教育知识。

显而易见，学习过程更多取决于学习者本人。儿童学得很明白，然而一旦从内在激发出学习热情，成为内在动力并与儿童自身相联系，学习的持久性会更强。为了理解这些框架，成人应当少说多听。

"润物细无声"这句话非常精彩。沉默无声作为一种教学方法常常被忽视，而这种方法却有着超乎一般想象的作用。很多复杂问题都与沉默有关。许多人把沉默看作是缺少某种东西，实际上它是一种极其复杂的"存在"状态。施瓦兹（Schwartz, 1996）提出一个有趣的问题，即鉴于其象征性和交际性的重要性，"为什么沉默在有关人类交流和文化的学术著作中不突出？"其中的一个原因可能是概念"模糊"，定义一成不变以及经常被用于隐喻而非字面意义。

那么该如何定义"无声教学法"呢？奥林（Ollin, 2008）提出了一种观点，即"首先，媒介的复杂性使之在更透明的教学技能中处于次要地位，特别是在有意识的决定中所涉及的技能，而非发起或干预某一课堂情境中的技能；其次，学习者的互动或参与方式并不表现在与他人的谈话或公开的面对面接触中，而这在观察者看来可能是被动的，因为这不符合人们对参与和互动的本质的先入之见"。

自然幼儿园的儿童正在看湖面上的天鹅，他们沉默不语。此时提出"那只鸟是什么颜色的？"这样的问题打破他们与自然的联系是不合适的。即便真的需要这样做，那么在那里的时光，以及后来用收集来的想法做成的模型，或者对这一体验的口头描述都足以作为证明。互惠是一种压力，当儿童和成人感到沉默时就需要方法来打破沉默，开个玩笑或者问个问题，这些都是处理沉默的技巧。正如奥林所言，这一刻的复杂性往往很难界定。在学习者的大脑中存在多层次的复杂性。成人如何解开所有并发的思维过程？甚至说，成人在接近学习者思路的情况下，如何将其想法和观念转变成可以被传统教育观认可和赞赏的形式？这些几乎是不可能的，所以我们要选择该记录哪些信息，该重视什么以及该放弃什么。

沉默时，大脑可以对想法进行反思、思考、吸收或摒弃，然后把相关信息存储进去。很难说在一些非常大的、喧闹的空间里，儿童如何进入和保持平静的心态。自然幼儿园里的火圈通常很安静，树林里的吊床上也是如此，儿童自然地坐在树下，所有这些并不意味着儿童没有在学习。

学徒式的方法鼓励儿童与比自己年龄大或小的儿童一起学习。只要儿童的思维受到挑战，家庭分组就能产生效果。这种方法的积极效果加深了我们与学习社区里成人的联系。儿童应该能够接触周围的社区，并一起学习。丹麦一处公共活动区域里有一间养老院，社会上最年迈和最年轻的人共享同一个花园，每个人都从对方的存在中获益。也就是说，在西方社会中，年龄带来的智慧往往不像在许多其他国家那样受到推崇。时间是伟大的教育家，它使我们能够体验一些时刻，反过来又影响我们与年轻人谈论问题的方式。用非语言的方式也可能激发思想。我们请参观者进入自然幼儿园后什么都不用做。儿童在互动中表现得更加自然，准备好后就会参与进来，碰到感兴趣的便会询问和模仿。许多参观者坐在椅子上，儿童则在这些陌生因素的存在下进入谈话。成人通常不会在参观者在场的情况下这样做，那么为什么在早期教育环境中这样做呢？

许多人利用维果茨基的最近发展区理论来支持成人需要学习口语以及口语学习与思维的联系。但维果茨基也提到了成熟的过程，在这一过程中，认知发展被内化，标志着从发声的认知过程转变为沉默的内在语言，思想仍是自己的，而发声与否是个人的选择。有趣的是，人们对维果茨基在这些方面的教育意义的关注远不如对他的思维和发声语言的早期关系多。内心的声音、沉默和我们强加给儿童的外显的沟通系统一样重要。从这个意义上讲，自然而然的户外学习与被监督记录的室内或户外学习所学到的东西一样多。我们所需要的，只是相信儿童正在学习，并让他们平静地思考。

成人之间的联系也变成非语言方式。在技术娴熟的团队中存在一种固有的互动。如，一人留守，另一人对空间环境做概述。儿童从空间的情感中汲取养分，因为这是一个平静而充满活力的氛围，不会让儿童觉得必须拼出高低。温和的互动营造出尊重的氛围。

团队里的男性并不常见，因此值得一提。偶尔会有男性员工多达 50% 的情况。我们问他们选择幼儿教育的原因，他们回答："因为幼儿教育以户外为基础。"许多室内幼儿园创造了一种女性主导的直觉信息，这种信息在自然空间中往往不存在。户外没有活动安排，而且提供了公平的环境，在这里我们谈论的一切都可以在成人身上找到影子。安静地坐着，留心所处的时间和空间，这是给儿童的一份极好的礼物，明确地告诉儿童融入自然就已经足够，这样便可以从自然中获得滋养。

案例研究：树林里的工匠

在户外使用的许多技能与在室内不同。与孩子一起做木雕和拼装是最美妙的一项工作。有一次，一位家长来到幼儿园和孩子们一起工作。为了给户外雕刻区营造平静的气氛，他们在不会被打扰的地方工作。选定地点并进行准备的过程似乎吸引了孩子们。有了工具，设定了边界，人们便对未来有了预期。雕刻用的工具非常锋利，所以最开始用削马铃薯皮的刀来剥树皮，用锥子和钻头挖洞。家长没有讲方法，也没有向孩子提出问题。他平静地回答了孩子们提出的所有问题，真诚地赞扬了孩子们的作品或给出一些建议。孩子们经常这样默默地玩，有时聊天，营造一种社交氛围，这就像我妈妈常说的那样："忙碌

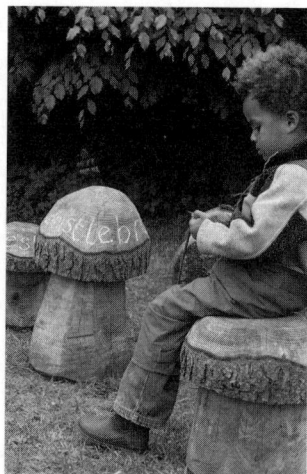

的双手和愉快的心情！"

案例研究：圆房子

活动项目可大可小，如在我们的森林学校场地上建造木制圆房子。在复杂性和挑战性方面，孩子们呈现出一种持续的螺旋上升的趋势，当然速率不尽相同。为了选择建房地点，孩子们认真地研究了原木、树洞、树皮和木屑。他们对可持续性以及森林和木材的理解都是真实的。

年龄稍大的孩子们离开学校后，用刨子剥梧桐树和白蜡树的树皮。从森林中获取的可供制作梁柱的木料在林业部门的管理范围内，因此对环境的影响很低。这群 8—11 岁的孩子们一起为圆房子准备了垂直支架。整个结构均为手工

制作——这个例子真实再现了外部团队搭建结构的娴熟技术。在这段时间里，孩子们参与了整个景观的重新修建。为了雕刻出一堵雕塑墙，人们跳进洞穴里收集材料。最初的认知游戏开始变得更具变革意义，因为成人看到了更富有想象力的表现。

林业木工工艺也在游戏中得以再现。孩子们用树皮尖做滚刨，挖洞，把树枝垂直插进洞里，插成围栏状，建起小圆房子社区供精灵们居住。孩子们腰挎工具，走来走去，用"他们的工具"判断树木的质量，口口声声地谈论着直线度和高度。

观察周围人的活动带来的激励作用非常强大。即使工程很小，参与其中并付出努力对孩子而言仍是有益的。在树林里用木材制作木棒，这个工作每个孩子都能上手，每个人还可以在把手处用颜料和图案进行装饰。更多细节参见我的另一本书：《在大自然中学习》（ *Learning with Nature* ）。

当小组合作的儿童和成人之间的信任感增强时，他们使用的工具种类便会增多，技能随之提高。在工作区域内，使用雕刻工具需要非常小心谨慎。年龄较大的孩子制作并使用匙形工具，其间所做的雕刻和打磨都很赏心悦目。不管是在户外厨房还是在露营地，木制碗、勺与金属器皿的保存方式非常不同。

孩子们有权待在成人喜欢与他们共处并能得到成人尊重的地方。他们花大量时间建立人际关系，其重要性并不低于儿童期的各种发展能力的提高。

要点

- 同伴合作为成人与儿童的相处提供了一种平衡且更自然的方式。
- 成人的知识和技能为有效互动提供支持，并非所有有效互动都需要口头语言沟通。
- 人际关系直指人的内心，所以我们应把家庭、社区和身在其中的儿童作为工作重点。

第五章

家庭、社区和伙伴的情感纽带

大多数人只是存在于这世界，而没有真正生活在其中，对于周遭的人和物，他们既不想同情，也不愿与之产生联系，他们局限于自我、孤立于他人，像大理石一般冰冷和僵硬，令人同情，却难以接近。

——约翰·缪尔（John Muir）

社区或共同体这个词在学前教育领域十分常见，这个词的意义明确，关联众多因素，全球各国和地区的教育政策及其贯彻情况，生活在幼儿园周围的人，幼儿园的工作人员，来幼儿园探访的人，当然还有最重要的，就是幼儿园里的儿童。

本章从共同体意识的最外环开始介绍，随后阐述社区与儿童的联系。

国家共同体

人类居住的气候区域的范围影响着世界各国的自然景观。从北极苔原到炎热沙漠，都有儿童在户外玩耍。

各国的文化遗产影响着他们与自然的联系。有些民族有非常成熟的自然感，因为他们的发展道路无论从历史上，还是在当前的文化中都与自然有着千丝万缕的联系。如生活在克兰诺格的苏格兰凯尔特人、土著和托雷斯海峡上的岛民、原住民以及尼泊尔等偏远乡村地区的人们，等等。事实上，可以说，任何一个为了生存而必须与自然发生关联的人，都必须具有相关的传统和对所处环境的了解，这样才会形成世代传承的知识。这种知识的永恒生命力令人惊奇不已。我们现在所需要的，有助于实践可持续生活的知识其实早已存在。为什么所谓的"发达"世界的大多数人却认为它的重要性远不如笔记本电脑这类现代电子产品呢？全球可持续性环保正成为一个越来越重要的焦点问题，人类需要共同考虑解决方案，而不是偶尔表面上的"进步"。人们的关注点应该回到我们是否真的取得了"进步"！

世界各国都在为保护自然制定相关政策，但执行方式各有不同。虽然在某些情况下看，有些行为方式只是一个小点，但却充满挑战。我参与了世界育儿和学前教育论坛（World Forum for Early Childhood Care and Education）的工作，该论坛的一个主办方——儿童自然行动合作组织（NACC），旨在汇集一批专业人员，在全球建立一个支持网络，力求实现共同的工作目标。如，斯威士兰（非洲国家）的教育者可以和伯利兹（中美洲国家）的教育者合作研究民族共同体，以获得关注。

有些人选择用单一的方式与政府沟通。单一的声音激起涟漪，反过来影响其他人，所以效果会逐渐扩大。我们期望界定我们对待自然幼儿园的方法，是出于保护和完善它的愿望，而不是仅仅看儿童在外面玩耍。这不是儿童散步的地方，也不是去公园游览，它远不止这些。通过明确界定的方法创建自然幼儿园，我们希望全世界人民去创造承载和支持相似价值观的成果。基于这种愿景，人们可以交谈，可以联系和应用到自己的国家和地区。在这个过程中，澳大利亚的森林学校不断得到支持，新西兰的自然幼儿园得到鼓励和发展，自然幼儿园和森林学校也在英国兴起，这些都是令人感到欣慰的。当然，我们也总会遇到一些与机构政治博弈和以自我为中心的人，这些因素会导致人与人之间的分歧，但只要足够多的人对团结协作、权力共享的机制有坚定的信心，变革的过程就会继续。

在培训和讲学过程中，我的观察和感悟很多，我意识到世界各地的互联互通是最重要的。我与挪威的安德斯（Anders）、尼泊尔的比什努（Bishnu）、新西兰的托尼（Toni）和罗宾（Robyn）以及许多来自世界各地的教育工作者见面、交流。这些过程和经历都让我的信念愈发坚定。我们都在朝着相似的方向前行，虽然走在不同的路上，但都通往相同的地方，就像河流的诸多支流。大家联合起来的时候效果就会更加显著。

安德斯·法斯塔德（Anders Farstad）在苏格兰的一次户外会议上绘声绘色地分享了挪威的自然教育方式。在他的幼儿园里，儿童经常去户外活动或围坐在小木屋里的驯鹿皮上。他们可以在林间跑来跑去，可以爬树，也可以学习使用各类工具，包括用斧头砍木头。他们也在成人的监护下点燃木头，在火上烹制新鲜食物。儿童也经常一起乘坐幼儿园的帆船去捕鱼，把自然作为自由玩耍和探索的游乐园。这种教育形式在挪威已形成悠久的传统，而在这些自然幼儿园里更是如此。

近年来，贴近自然元素的教育形式受到高度重视。有一种教育观点认为自然赋予儿童足够的自由，没有任何障碍和规矩束缚，所以儿童不必通过大喊大叫来力求从成人那里获得一点空间或关注。

文化共同体

一种特定的方法论当然不能在另一种文化背景下生搬硬套地直接使用。合理吸收要素和价值观，注意它们对共同体中每一位参与者的意义，时常探讨和思考，这才是合适的态度。这样可以在各种方法论之间建立起密切联系。世界非常多元化，文化信仰不一定要与特定国家或地区联系在一起。意大利人认为寒冷天气会导致生病，这样的观念至今仍然存在。如果某个人所属的文化要求他不能在泥地里玩，那么无论居住在哪个国家，他都会有很多阻碍。一位来自约旦的儿童自然行动合作组织的同事努力摆脱了身边人的文化影响，对玩泥巴形成了积极正向的态度。

地域共同体

区域越小的社区对于走进自然的态度差异越小，如城市社区之间，城市与农村社区之间。成人对不同空间的偏好有各种原因，有的是因为个人环境体验的偏好，有的可能只是生活提供的简单选择。每个人都应努力接受人类与自然的联系，甚至意识到自然的影响力。正如前一节所述，当地家长社群应成为幼儿园的内在组成部分。他们对自己孩子的信念和愿景当然是我们共同关注的核心。当地社区或多或少会同当地环境产生关联。当地居民是否对所处环境的自然之美（城市或乡村均类似）有明确认识，或只是将其作为一个地点，是反映关联程度的关键因素。有许多例子反映了儿童对社区融合发挥的作用。开垦废弃林地，通过代际对话发现传统治疗方法，从自然获取食物资源的窍门，甚至最常见的讲故事，这些都是很好的范例。

"本地人"社区

幼儿园的儿童也可以与身边的成人分享当地不同地方的知识。通过倾听儿童的声音，可以准确了解他们如何参与和享受以过程为导向的活动。成人与儿童一起做面包，或者用儿童采摘的水果做食物时，儿童的脸上洋溢着快乐。很多传统技能，如建造住房、腌制果酱、晾晒水果、编织坐垫等，如今都出现了很大程度的缺失。延续传统文化对人类而言非常重要，因为当我们以供给者的角度看待它们时，它们将我们与自然世界重新联系起来。但如果所积累的知识和技能一旦失去，很可能需要很多年才能重新开发出来。最简单的经验也可能需要复杂的学习过程。不论在苏格兰采摘黑莓，抑或在美国采摘蓝莓，在意大利收获紫茄子，这些行为对个人情感的影响是相同的。

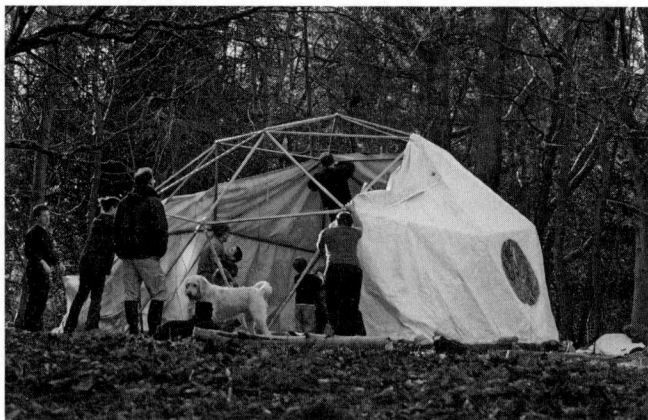

2008 年，我正在探索能否为澳大利亚森林学校的发展提供支持，以及在气候、文化和社区等方面澳大利亚与英国有哪些相似性和联系。一位当地自然教育者和我一起进入森林，我与他分享信息后，他介绍了澳大利亚的相关情况：植物染料、房屋类型、赭石土质、从植物内部取得的火绒、用来制作斧头的草树胶和袋鼠粪便混合树脂等。我们之间的共同语言非常多，走很长时间的路也说不完。他认为让儿童亲近土地并与之建立联系是十分重要的。令我惊讶的是，这些重要的理念在 1960 年代才真正被人们所了解和认知。在 2009 年的一次回访中，我很幸运地被邀请到悉尼的塔姆沃思地区度过了一段时光。在这里，他们的自然之旅才刚刚开始。那些教育工作人员特别是厨师都有着强烈的地方情结，而我也与他们分享了我的想法。这是一个有效的过程，希望能支持成人通过自己传承的知识与经验技能来为当地儿童创造一个自然的游戏空间，以保留这种延续至今的地方情结。

布朗芬布伦纳（Bronfenbrenner，1990）描述了儿童不断探索世界的成长过程，即从具有安全感的基础范围出发，探索与之联系的并和他人区别开来的相似性和差异性的过程。人类通过经验的共同性彼此联系，当我们首先与团队合作，分享对"好"的理解，甚至具体到制作花瓣香水或玫瑰花瓣纸的方法时，秘诀往往是谈话的主题。有了积极的自我认知，儿童会更加尊重他人的文化和信仰。增强自我认知的另一种方法是设法建立一个获取成功和得到不同反馈信息的过程。如，在自然幼儿园或森林学校，儿童参照全球食谱制作各类面包，就是增强自我认知的最佳方法。

在自然幼儿园中，团队发展分析师早已注意到制备食物和烹饪活动带来的归属感。儿童十分享受活动过程，家长们分享无发酵面包的制作方法，从印度薄饼到墨西哥薄饼，再到苏打面包，儿童在此类活动中体验到全世界都是类似的。

幼儿园社区

家、园、社区共同合作的重要性毋庸置疑。教育工作者、家长和儿童共同创建一个社区。因为学前教育机构深深扎根于社区之中，在世界各国，也正采用这种形式开展活动。传统文化的传承精神以及更广泛的社会规范文化将影响各类学前教育机构。在这样一个属于儿童探索学习的空间会形成一种社区感。这种社区感是通过许多因素产生的，包括家、园、社区共同的思考和理解，互相信任，对家庭的重视和育儿理念等。创建自然幼儿园的历程，既关乎人的内在思想，也关乎外在景观。

有你，有我，大家的社区

真正的社区是否也实际存在于两个单独个体之间？从不经意的友谊到莫逆之交，这也被称为师徒制团队中的社区。在大自然中共同经历过"神奇时刻"的人会明白我所说的社区感的意思。它的存在方式超越了实际的体验，儿童能逐渐感受到却有时无法表达。至少我们可以希望，在自然幼儿园提供的体验将引领他们踏上一段美妙的旅程，并期待他们在未来的某一天到达不同的目的地。这种感觉常被形容为一种联结感。约瑟夫·克林顿·皮尔斯（Joseph Clinton Pearce，1977）用这一术语研究儿童如何在这昙花一现的时刻与自然发生联系。我认为儿童与自然的联系非常密切，并且他们会认为自己也是联系过程中的一部分。作为社区大框架下的个体受到重视，这种感觉会让人的自我意识和认知更为清晰。

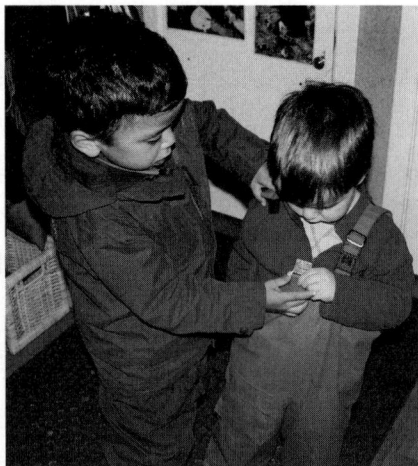

　　我多次谈到非常重要的一点是，家长与自然幼儿园是不可分割的。他们自发组成一个团体，定期见面和交谈。在树林里工作，家庭之间也时常聚会并相互支持。儿童熟悉的家庭空间与他们被照顾的场所之间的联系为他们带来安全感；周围的成人说说笑笑，这种温馨的互动方式让儿童对周围的环境更加放心。儿童看到身边的人紧密联系在一起，为他们构建一个完整的图景和框架，让他们知道自己在哪里，自己是谁，自己归属哪里。

案例研究：学习共同体

我们自然幼儿园的孩子要负责收集和整理用于生火的木材。他们有的手拿柴火，有的把它们放在背包里。孩子们知道合作干活，互相把各自的背包填满，这样更轻松，如果只顾自己，就总需要把背包解下来。"我把柴火放在你的包里，你把你的放在我的包里。转身，拉链卡住了，我修好了。""这根木棍太大了，不合适。""我把它折成小段，我力气很大。""脚踩在上面，就很容易弄断，像这样。"

在家庭活动中，应该尽量安排年幼的孩子和年龄稍大的孩子在一起，或者经验较少的孩子和经验丰富的孩子在一起。成人应采取观察策略，不要试图在活动中担任主导，这样才能促进活动中儿童之间的学习和互动。孩子们用质地、颜色、气味、大小甚至味道等复杂的分类标准把这些柴火分成若干类。

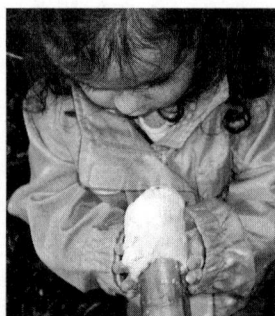

他们一起把柴火放到点火区，然后用燧石打火点燃，打出火花的一瞬间，孩子们总会兴奋无比，心中充满成就感。

当然，他们也会集体决定在火上烤什么，探讨烤出这些美味食物需要多大火。

烤面包串永远是最受欢迎的，孩子们自己和面，然后包在湿润的竹竿上。"我的面包像一条蛇，黏黏的。""不需要那么多面，否则烤不熟，里面还是生的，你也可以吃，但是我不喜欢吃黏糊糊的面包，我喜欢烤焦一点！"

他们喜欢自己制作和烘烤面包，但也会把竹竿围在火炉旁，部分孩子留下来转动竹竿，其他人则去周边林地里探索、玩耍。"我可以帮你烤，把它翻个面，这样这一侧就不会烤焦了。熟了我会叫你，到时候你再过来吃。"

孩子和成人一起围坐在火炉旁，一边吃着热烘烘的面包，一边聊天，并就感兴趣的话题深入交谈，时而弹唱尤克里里琴，或只是静静地坐在那里，这一切都是令人快乐的享受。

一起工作、收集柴火、生火、做饭，这些使自然幼儿园的孩子们团结起来。他们思考自己的生活，事物的规律以及旅途中遇到的人。孩子们认为毕加索并不是一位很棒的画家，破坏树木的人没有头脑，或者人太多会影响自然。如果作为成人的我们，把儿童看作社会的一部分，尊重他们的声音，考虑和接受他们的选择，那么对生命真谛的思考便会从他们的幼年逐渐形成。

要点

- 有些儿童在幼儿园更能感受到社区生活的非凡功能和价值。
- 共同体验和完成一些生活中简单的事情，如做面包，并和同伴、成人分享，有助于提高儿童集体的凝聚力。
- 成人的关系对儿童自尊和价值感有极为重要的影响。

第六章

归属感

　　脸上的笑容如窗外的阳光，传达出回家般的感觉。

——佚名

自然本就是变化莫测的，如果儿童的自然体验被限定在单一特定的空间或荒野中，那就丧失了多样和变化的生活魅力。儿童所拥有的地域感是儿童自己、他们身处的文化环境，以及社区与自然环境相互关联方式三者之间的纽带。儿童的地域感是归属感在他们心中的精神支柱。毛德斯利（Maudsley，2005）在对和自然相处的各个方面的概述中指出，户外或自然空间其实只是由自然发挥掌控力的地方。这些地方可能是纯自然的，如原始森林，也可能夹杂一些人为因素，如冒险游乐场或城市公园。这些区域可以有哪些不同的形式存在呢？户外空间涉及许多不同形状和尺寸，大或小、潮湿或干燥、开放或封闭、高或低、杂乱或整齐、绿色或棕色。野外空间包括乡村小路、树篱、林地、城市农场、草场、海滩、荒野、花园、河流、灌木、路边、池塘、田地、丘陵、公园、农场、沙丘、村庄绿地和泥地洞穴等。儿童接触所有这些区域的方式当然取决于很多其他因素，关键是我们不应该把自己的想法局限在自然幼儿园里，因为那只是一种环境形式。

罗伯特·麦克法兰（Robert McFarlane，2007）称，传统上，人们谈到户外和自然时就会想到裸露的山脊，但实际上不仅仅如此，他探寻自然的旅程表明，一小片草地，一小段树根，自然其实就在那里。

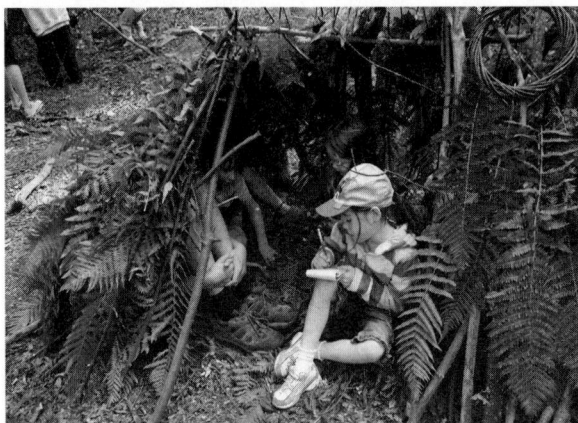

人类生存模式的一个基本方面是，在先祖时期，人类创建了一个封闭的安全区域，而且也能到安全封闭区以外的区域进行观察和探索。人类进入自然时是带着孩子和家人的。几乎所有与我们共事过的人都对童年时期的秘密小窝难以忘怀，那通常是对成人保密且儿童感觉完全属于自己的空间。特别是身处户外时，归属感格外强烈。建筑材料也源于自然，似乎一切都有目的和理由。树枝落下，被植物和动物（包括我们）使用，然后回归泥土。在具备自然属性的场地开展活动时，如搭建草窝棚、收集物品、探路等，儿童能够感受和回应人类不断进化以及与所在场所和自然景观建立联系的不同欲望。这个循环及感受是真实有效的。但如果成人教育者对活动进行过度设计，就会发现活动极其容易中断和脱节，且

儿童参与性较差。（Herrwagen & Oriens，2002）

如今，很多幼儿园面临的问题是类似弹出式帐篷等经过过度设计的教学材料。使用这类材料最大的问题是，直接剥夺了儿童在活动中应该得到直接体验、思考、设计、解决问题的能力，最重要的是，也剥夺了对儿童创造独特事物的肯定。

在自然幼儿园中，开放性的自然零件材料是儿童搭建林间小窝的必需品。在有的地方我们提供各种类型和不同属性的真实材料，便于儿童真正做出选择。自然幼儿园的材料均来自自然。林地的树洞是天然的隐藏所，儿童在自然中玩耍的同时也在改变自然，而且有时候必须调整思维以顺应自然中不尽如人意的方面。

有一次，自然幼儿园里的一些儿童在低地建了个小窝，他们没有选择高地，这是比较常见的。他们了解和探索支撑结构，并向下挖掘加强小窝的两侧和入口。就好像当地下的秘密世界常被用于建造游客中心隧道时，就变得非常棒，因为建筑师从未忽视建筑的核心体验以及自然的味道。地球上有一种美妙的气味，虽然没有在香水店里装瓶和出售，但它却像割草时散发的气味一样令人回味。

在地面以下挖掘洞穴给人带来美妙且坚实可靠的感觉，这种封闭安全感是在高于地面的小窝中没有的。在德国纽伦堡附近的自然幼儿园里有六七个儿童在一起玩耍。森林中的集合点，正如第三章提到的，是一个巨大的圆形凹地，封闭空间和一些遮蔽物起到了防风的作用。约 100 米外还有一个油布小窝。儿童沿着区域边缘躺下，蜷缩在凹地底部。他们利用一棵小树玩跳跃游戏，倚靠在强壮的大树上半卧半坐地休息。儿童也参与不同的活动，观察树木、雕刻、跳跃、交谈。所有人在不同时刻聚集在一起，不断进进出出，巨大的原木和树叶凉亭构成的空间让儿童和自然的距离越来越近。而此时此地，就是这个凹地给他们带来了无限的关注点和探索的积极性。

人们通过制作图腾或标记来标注自己的领地，如在有叉的树枝上放一块石头。早期定居者的洞穴绘画和标记都在重要的地方。他们经常在自然庇护所附近创造图像，这是人类自身的体现。我们观察到儿童创造了十字架、一串鹅卵石、一块在分叉树枝上的石头。所有这些都没有经过正式指导，或者这确实反映出他们背后的人类传统。

第十一章关于室内外活动衔接的部分更充分地探讨了界限。但我们注意到，从一个空间到另一个空间的入口点是一种通过仪式，是定义了地域感的一种精神存在。

查瓦拉（Chawla，2002）提出，以游戏探索玩耍的方式把文化意义和神话意义投入自然空间和特征，这种情况的发生频率远高于人造游戏空间。自然空间提供了一种超越纯粹物质的动因，使之变成更具情感和个性的东西。

当一群儿童在两条小路的交汇处创造了一个林地精灵或看门人时，他们以标记来表现他们在这片空间中的存在。一群来自新斯科舍省的学生访问我们时谈起这件事，称之为因纽舒克（Inukshuk）。由于其自然景观的性质，使用的材料是石头，在加拿大艺术中，常有这种石像的描绘。手臂由一块长石板制成，指向小路的方向，寓意

是对旅人的守护。

如果我们了解石冢的传统，它们不仅用于在恶劣天气中标记道路，还可以标记行人通道。在山顶或沼地，石头堆上放一个石片这种简单方式直接表明曾有人来过这片辽阔荒野。广阔或荒凉对一个四岁儿童来说就是一个很小的长满草的地方。也许荒野是我们被周围风景唤起的另一种自由思想的空间。荒

野真的需要那么广阔，那么遥不可及吗？我们能否在家附近的小地方找到这一片荒野呢？

森林工作者和在自然中的工作人员曾多次讨论自然结构应留存多久。地域感表明了一种持久的本质，然而我们在地貌方面的探索方向却是相反的，我们认为地貌是变动的，和世界各地的人类相联系，那么我们就要考虑一下外物持久性的位置和作用。

当我们研究儿童游戏的演变方式时，更需考虑在何时以怎样的方式将决策权留给儿童。在自然幼儿园的林地中有许多洞穴，它们被遗留下来，随着时间的推移又被重新造访。我们一直无法确定为什么一个特定的洞穴会被认为是"这个时代"的产物。这里没有和天气或与儿童相关的主导模式。当我们让儿童分享他们的决定时，他们只是回答"本来就是这样"。此外，对这一特征的实证研究也非常有趣。

同样的自然课程的方式方法让我们不断探讨和反思创设自然幼儿园的初衷。当我们把木琴上的废木头、森林小窝上的旧屋顶和绳子都放在自然中，成人的观念已经发生变化。他们不再把废弃的区域看作凌乱的垃圾堆，反而认为这类空间能够激发思考，带来反思。在我们自然幼儿园的花园里，只要视觉上不至于过分杂乱，自然物就会被留下。青蛙住在儿童的小窝里，蚰蜒如浮雕般爬在软木上，这些都是自然造就的特殊时刻。为何事物要归于泥土？对这个话题的探讨会更丰富、深入和通透。"如果一直砍伐（木材），（地球）就会枯竭，树木就无法再次生长。它需要我们去分享这些信息并将其归还自然。"而我也真的希望讲出这句话的四岁儿童有机会向国家政策制定者和全球领导人提出关于地球可持续发展的问题。

案例研究：儿童设计师

英国的户外空间需要有某种形式的基地，为低龄儿童提供庇护所。在我们的林地里有多种形式的庇护所，其中一个是帆布遮盖的地穴。我们仅仅将此地看成庇护所，但从儿童的角度来看，它显然成了儿童空间的标志。如果鼓励儿童分享设计思想，庇护所可以为学习和探索提供绝佳的机会。怀斯特山坡上的自然幼儿园的地穴帆布在摘掉清洗的时候，可借此机会看到建筑结构和地域感之间的联系。

在讨论摘掉帆布的过程中，儿童注意到框架由三角形搭建而成。这种想法在他们的画板上延伸出更丰富的内容。他们建议对三角形进行装饰，并画出了设计图："这是被掀掉顶的地穴，它住在树林里！"

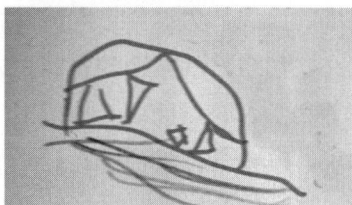

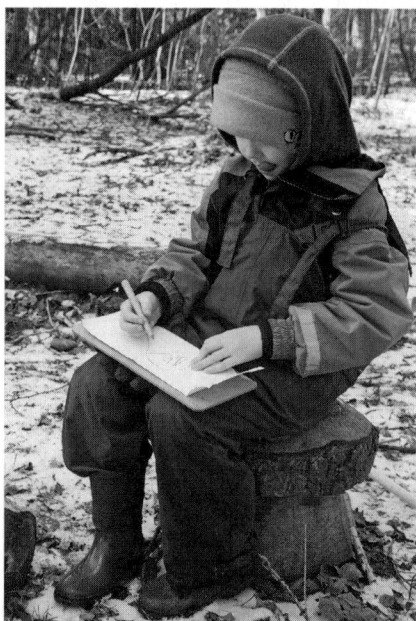

"三角形里有很多圆圈排成行！"
"灰色部分是塑料窗！"
"我的窗户上有类似毛毛虫身上的毛的东西。"
"我把树画成了蓝色的，看。"

三角形的本质及其镶嵌的方式成为集中区域的主要话题。使用 2D 和 3D 材料可以让孩子们按照自己的思路想法来做。贯穿整个探索过程的观察记录和指

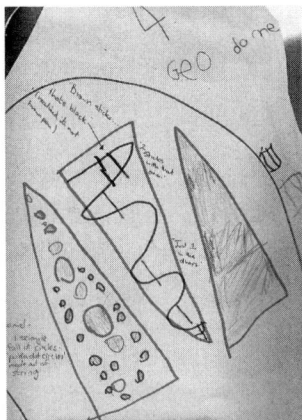

导是自然课程中非常重要的一部分。在指导孩子们时，不按照他们最终的决定来执行是非常

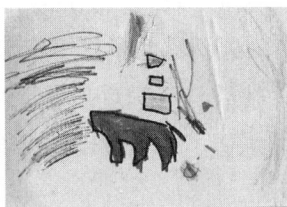

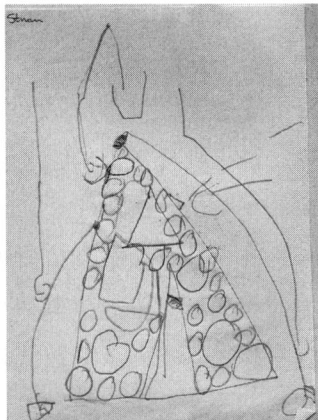

错误的，这样做会导致儿童不会产生相应的归属感和信任感。使用现代数字技术可以将他们在过程中使用的草图复印后多次使用，以增添新的模式和灵感。教师用相机记录孩子们的模型和草图，实现了探索过程的资料存档，其结果就像层压板。

为了拓展孩子们的体验，我们先在室内使用互动写字板为他们提供支持，孩子们和成人一起作画、摄影。当然，自然幼儿园还提供了麻绳、木棒、胶带、线绳、玻璃纸和白纸等材料。

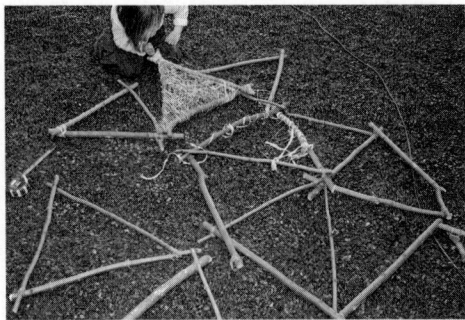

　　然后，他们用各种各样的材料制作小型面板，接着制作尖的部位，再用麻绳把梧桐树枝绑成三角形，最后用三角形造出了自己和小精灵的屋子。"那就是我，正在三角形里缠绳子。""我把零零碎碎的东西绑在一起。"走进自然唤起了人们对拥有空间的真实感受。孩子们由外向内划定自己的界限，这在幼教机构十分常见。一些孩子会在此类游戏中考虑安全问题，包括上锁装置、防盗报警器、设置陷阱等。有个男孩造出了石头门铃，石头在木棍裂缝里的不同位置会使石头发出不同声调。从门铃响到被允许进入房间的这段时间，正是孩子等待客人爬上楼梯走进房间的时间。在户外围出一块地，这便是"我的地盘"，这在游戏行为中是值得注意的。从何时开始，这块地盘成了"我的"，而其他人被排斥在外？一直以来收集到的案例表明，儿童使用传统角色扮演来划分社会等级，有时也包括排外。来到户外森林后，我们看到了游戏行为的变化，即从排外到包容。关于空间或开放式设计创造了更大程度的社会化这一问题，目前尚未有定论。

那邦和特林布尔（Nabhan & Trimble，1994）介绍了如何发现自然中的各种物体（宝物），并进行玩耍，然后把它们带回家，将所拥有的物品的独特性转移到儿童身上，"这根棍子很特别，我也是"。有时候，儿童从树林里收集材料，急切地想把这些材料带回家。那邦和特林布尔从自然宝藏到自我的转移的研究是值得注意的，然而，日常生活中移除自然栖息地所带来的环境影响也是如此。我们在工作中引入和使用的电子照片、打印出的照片、如何摆放重要物品和分离时的庆祝等方式，与儿童次日的活动都有联系，并能对其产生影响。只有少数几名儿童真正能够延续每天活动的经验并将其慢慢联系起来，除非探索的物品是一根珍贵的棍子，否则他们通常只会专注于寻找物体。

与自然相关的直观因素大于任何认知，因此往往难以准确表达。在一个空间内存在并创建的群体、对同一空间的重复探访、对自然环境工作的监护和与之联系的意识、一个影响家庭背景的根深蒂固的思想和文化，所有这些因素都会影响儿童的地域和归属感的稳固性。

要点

- 儿童与自然有天然的联系，这种联系促使他们自身与所处之地间建立联系。
- 在户外探索玩耍往往更具变革性，活动频率比在人工花园更高。
- 对儿童而言，特别是身处"户外"自然中的儿童，他们的归属感十分重要。

第七章

信任和民主

人们不可能怀疑树木，指控小鸟或松鼠从事政治颠覆，或挑战紫罗兰的思想意识。人类的精神需要一片未经文明糟蹋过的自然之地。

——哈尔·宝兰等（Hal Borland, et al.）

民主文化的形成是一个经年累月的微妙过程。无论是儿童自己的想法，或是他们的行为状态，我们都应该给予高度重视。仅仅通过书本教育还不能满足我们的要求，使用和应用文献的方式，才是引领我们走向富有民主文化氛围的课堂和学习共同体的重要一步。

重点不是让儿童直接做精神领袖，而是保持一种平衡，交流探讨不同思想，同时又照顾到他人的情绪感受。每个人都应认真倾听并受到重视。信任的发展在深层次起作用，这是通过一段时间的情感联结和经验积累产生的。这些因素综合起来进一步确认周围的人能够言行一致、表里如一，并在实践探索中接受自己作为学习共同体一员的身份。

决策过程既可以专制也可以民主。一些成人做的决定往往设定边界，强调预期，分析学习进度，或为下一步行动提出建议。学前教育中的民主因素常被曲解为"人人自由"。事实上，这是一种更加微妙的过程，极富冷静的自信与期望，它形成了一个既轻松又和谐的群体，人们在所创造的边界内感觉到安全。

自然幼儿园和森林学校进行的户外探险活动需要小组合作，这是一种对行为期待的相互理解。户外空间也有视觉边界，由教师和儿童共同创建并强化。这种共同的责任是民主工作方式导向的另一方面。如果跨过了边界，或小组不再合作，那么就需通过"会议"来商讨解决。这里所说的"会议"不同于儿童和教师们所称的小组活动。他们每天想讨论的话题都在变化。我们曾深入讨论过如何保存从树上取下的苔藓。自然幼儿园的儿童曾集合起来讨论在茶点时要带多少葡萄干。会议的记录和做出的决定都被记录在地板书中，这样他们可以随时翻查。儿童年龄越大，他们就越会利用会议记录来表达自己的观点。

信任是我们在自然幼儿园和森林学校环境中努力创造的一个重要组成部分。信任的建立是一个漫长的过程，对于森林学校给5—11岁儿童创设的项目中，每周3小时的活动其实相当缺乏深度，它只不过初步给儿童呈现了另一种视角或

可能性。如果儿童在家的体验和户外活动差异很大，那么他们就会开始对成人的教育和关心的方方面面持怀疑态度。在自然幼儿园和森林学校参与和管理的成人（包括家长）都支持和共同制定了 SMART 目标，即精准（specific）、可测量（measurable）、协商（agreed-upon）、相关性（relevant）、基于时效的目标（time-based targets），以确保儿童能切身感受到个人进步和学习反思的整个过程。

成人利用户外环境和活动培养信任。当一个人被绳子系着悬挂起来时，需要依靠另一个人在另一边帮忙牵着绳子。自然幼儿园的儿童也会有这种感觉体验，如用绳子把儿童连接起来，这样当他们过独木桥或攀岩时可以很轻松而不需要成人的帮助。和同伴连接在一起时一定会有一种身体上的愉悦感，因为所有儿童似乎都在寻找绳子并抓牢，他们聚集在一起、组织在一起，这样会形成一种安全感和凝聚力。

在瓦尔德幼儿园里，有一种真正意义上的信任培养活动。年龄较大的儿童会走在队伍前面，领着其他同伴穿过小路进入楼里吃午饭。森林是公共空间，所以成人有时会有些害怕，不允许儿童随意乱跑。

我们也致力于培养儿童的方向感，所以会在林中空地给他们一定的自由，让他们按自己的节奏走。当然活动之前必须做风险评估，儿童在深水区附近就没有这样的自由度了。我们鼓励他们在树木区前行，并约定在某棵树的位置集合进行小组活动。树的位置其实很好记，有些树总会因为它们的位置、优美或奇怪的外形而在树林中显得与众不同，从而引起儿童的注意。在德国的一片林地里，儿童谈论着狮子树。许多年前，儿童关注到这一点，部分原因是狮子树上两米处有一个标记。儿童以一种传说的口吻谈论着狮子树，他们曾见过那棵树吗？还是他们的父母见过？树上简单的标记给那片土地带来了庄严感，似乎是对过去的定格。当然我们在第十一章还会谈到这棵树。

我们希望儿童拥有的自由会保护许多人的童年记忆。为了让成人支持这

种方法，我们需要重申该方法的价值，因为每名儿童都是有能力的，如果同伴间形成互相联系、互相帮助、互相依赖的关系，那他们之间的信任感也就建立起来了。

控制住失控，有信心地放手，这是非常重要的情感技能。威斯堡自然幼儿园有一个斜坡，儿童可以从上向下滑到森林的地面上，然后满怀信心地努力爬上去再滑下来。我会相信儿童不会跑出森林、走入岔路吗？没错，我相信他们。这种

信任一部分来自成人的自信，另一部分则是因为我了解这些和我朝夕相处的儿童。不得不说，那些与幼儿园建立和保持联系的教育团队或机构，如注册、游客和访客机构，他们确实在员工和儿童的关系处理上具有较好的背景和卓有成效的经验。

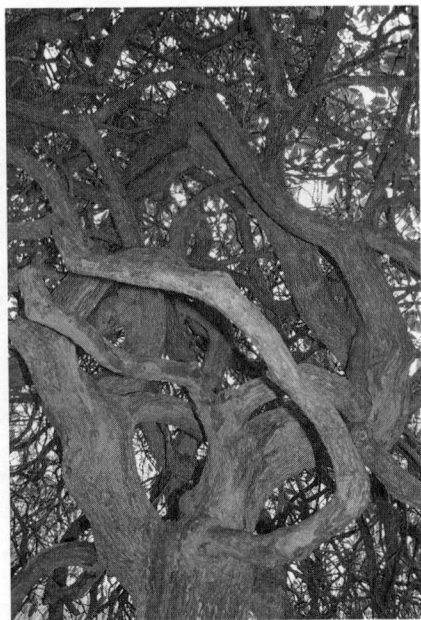

有的团队可能觉得很难在短暂的森林之旅中评估信任，所以成人会事先设定好计划项目。成人希望保留从斜坡上滑下来的权利，于是在顶部和底部都设置了集合地点。通过计划项目确保儿童的童年自由得以延续，这实在是具有讽刺意味。

我们在德国和丹麦看到户外教育者的教学策略和经验，我们对此持肯定态度。

而这一点也已经开始对户外学习教学资格证的内容产生影响，资格证的内容包括参与多学科户外教学团队所需的技能等。

儿童有一种信任感，即如果他们需要什么东西，他们就能够得到，不一定是资源，有可能是更广泛的联系，一种肯定，或是时间。户外学习环境的议程设置必须灵活。每天、每时，甚至每分钟，风景都在变化。户外环境的光线营造出不同的情绪感，这正是自然的独特魅力和伟大力量之所在。这种莫测的变化深深吸引着每个人，人们用眼睛观察的同时，它也不断地刺激着人的大脑。当儿童找到一个洞穴，他们愿意拿出充足的时间进行探索，并会注意它如何随着光线、温度、湿度产生各种变化，甚至会注意到周围的植物群落。

儿童需要作为学习者、冒险者和探索者在不同层次上感受并获得信任。民族精神决定教育立场。我们的教育体系支持什么？鼓励个性和分歧还是强调集体和统一？推崇可能性思维（多种解决方案）还是一致性思维（标准答案）？这值得我们思考。

案例研究：冷冻绷带

在德国，一群孩子坐在林地中的一个结冰的水坑边，他们一边交谈，一边用棍子或手指搅动树叶。成人在林地的另一边，距离他们较远的地方，且听不到孩子们这边的声音。可以看出，在成人和孩子们之间已经建立了一种信任，成人觉得不需要离孩子们太近，相信他们能够独立实现高质量的游戏和学习效果。

一个四岁的女孩发现了一片泥沙，上面的冰雪已融化。她用棍子搅动，用手指揉搓，舀出一小撮，做成一个小泥球。至此，孩子们的话题就开始变化，其他孩子也纷纷靠近，开始一起玩。他们挖大了泥坑，收集更多的泥巴。他们用手和泥，做出许多泥球，后来有个女孩将拇指穿过泥球，并向其他人展示说：

"看，我做了一块膏药来治疗受伤的手指。"然后其他孩子也开始制作泥绷带覆盖假想的伤口，也有的用手捏泥球或玩泥巴。他们边玩边谈论如何忍受疼痛，伤口和绷带的大小以及伤口恢复的时间。一个五岁男孩告诉其他人，他曾经断了胳膊，绷带非常坚硬，当时都不能弯曲手臂。"我们可以冻住绷带，使它变硬。""那会很冷的。""也许可以

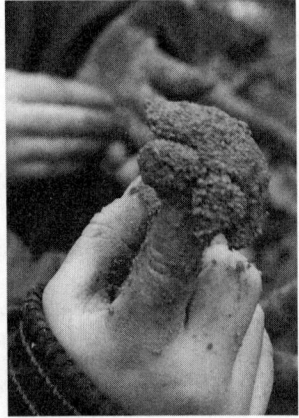

像做面包一样把它烤硬？""嗯……，但戴在手上的时候不能烤。""干泥浆很硬，可以一动不动地坐着，等它干了就硬了。"发现了这些情况和变化后，这群孩子便开始找成人分享这些信息和经验。

成人允许孩子们保留这些泥土，以观察它们随着温度的变化，黏合度和外表发生了哪些变化。成人与孩子间的互动一定要真心实意地为所有的参与者构建，以及对问题和出现的现象做全新的认知和理解。

要点

- 共同体的信任，需要通过长期、稳定的关系建立和巩固。
- 民主的学习环境必须建立在儿童和成人互相信任的基础之上。
- 思维的自主性为共同建构的教学模式提供支持，并由此促进儿童发散性思维的发展。

第八章

尊重儿童的意见

聆听不同意见最终促成抉择。

——克莱尔·沃登

现在的学前教育机构需具有潜能开发的功能，并需展示和证明这方面的质量，这本身是好的。我同意必须确保儿童受到高质量的教育和照顾。但这个发展趋势的不利方面是，人们对于质量的本质和表现形式始终持不同观点。自然幼儿园有丰富的人际关系、社区关系和充足的土地，却有人认为开放性自然材料的再利用、看似脏脏的泥土，以及需要在自然中找寻各类材料加以创新、利用，都是对儿童的成长和发展毫无意义的。我们发现，儿童的身体动作表明他们渴望在树叶堆中舞蹈，他们希望拾起树叶探究其内在特质。通过聆听儿童的心声，我们了解到他们认为在树叶上开一个小孔窥看世界是最精彩的体验，这让他们觉得度过了"最美好"的一天。有趣的是，第二天会更加美好。作为一个团队，我们会尽力让自然幼儿园的儿童与自然之间产生协调的联系。我们的作用是通过地板书的方法，即针对评估和计划过程来实现这个目标。我在20世纪80年代和90年代创造了这种方法，当时是让一群男孩参与一个自然项目的学习过程，并试图通过给予他们更大的自主性来进一步实验、探究和论证。当克拉克、麦奎尔和莫斯（Clark, McQuail & Moss，2003）继续研究时，他们发现在自身教育方面，成人极少采用协商的态度与儿童进行交流，包括那些在教育方面取得斐然成绩的儿童。对儿童采取协商态度的重要性体现在以下几个方面。

- 提高儿童与所体验课程之间的匹配度。
- 学习者参与决策过程有助于增强其自尊心和参与的积极性。
- 提高伴随儿童一生的内生动力。
- 作为个体的儿童有权利获得尊重。成人可以通过认真对待儿童的想法和观点来表现对儿童的尊重。

地板书的一些明显特点为评价、计划和最终建立学习型社区带来更高效的作用。

儿童的创意和思想被直接写入手册中，没有任何修改或解释，是最真实的记录。每当儿童对问题做出回应，或提出和其他人完全不同的想法时，教师就应该把这个想法及时记录下来，即便这个想法和当时的主题没有直接关系，也应将其作为儿童参与项目讨论的资料证明。

提出开放式问题是为了对儿童的兴趣做出回应。以交谈的方式提出问题，目的是激发儿童的思维，而不是测试他们的知识掌握程度。其中反思式对话对这一过程十分重要，有助于建立儿童探索和发现式的伙伴关系，因为提问和回答环节的气氛完全不同，几乎所有问题都具有哲理性，如，"假如……会怎么样？"

这么做的目的无非是鼓励儿童的发散性思维，进而促使他们进行高阶思维。促使儿童把自主学习的内容和经验联系起来，进一步激发他们的兴趣。经过较长时间后再次重温曾经提出的想法和观点，能帮助儿童体会思考和学习过程中的实验性和适应性。这种后设认知过程对于概念、知识和态度的同化具有重要意义。

地板书的结构遵循儿童对思想进行深度探究的渴望程度。通过给予儿童时间去探究自己的想法从而形成深度学习，这是形成长期嵌入式知识的关键。以书本的方式收集整理儿童的想法，能确保集体长期关注同一学习探索项目的连续性和层次性。在各页内容和全册结构之间应该有一种联系，这样就构成了各步骤相互联系的系列整体。

普通幼儿园的一些儿童每周参加的都是单元时间较短的课程。这些儿童需要各方面的支持才能坚持下去。"我们这是在哪儿？""看看你不在的时候我们发现了什么？""接下来我们怎么办呢？"这些问题都可以使用地板书作为提示，安排儿童配对或分小组讨论。

地板书中有许多大幅面的空白页，儿童和成人可一起记录集体学习的想法。给每人分发不同颜色的记号笔，这样每人对小组的贡献一目了然。在思考、倾听、支持、提出想法、接受挑战以及做出记录、绘制图表、思维导图等方面，成人可以起到榜样作用。

而他们对责任的要求也触发了对日常计划的要求。这些内容与计划是相互参照的，儿童的想法和成人的回应以及随后的行动都联系在一起，可通过对各项目标注具体日期进行跟踪，同时还可总体把握项目的广度和平衡。为了应对不同的学习风格和偏好，地板书包含了广泛的文体种类。儿童很可能不具备记录能力，因此成人可以在分组活动时为他们做文字记录。当然，儿童也可以用

图画的形式记录自己的想法，或运用框图记录想法。在自然幼儿园的户外，我们还有一棵思维树，儿童可以在那里坐下来思考，或利用地板书记录和开展户外的讨论活动。

地板书是我们整个自然教育课程及计划中不可或缺的组成部分。它们是教育者在儿童游戏过程中与儿童一起创造的，用于分析儿童提出的学习兴趣点的观察记录手册，它不是成人为儿童做的"随机"活动手册。有回应的规划应是儿童学习、探索的根本。如果要征求儿

童的意见，那就应准备好为此改变自己的思想和行动。地板书正是为儿童随时记录观察与发现服务的。它让儿童有权随时重新思考自己的想法。同时我们发现，在教学过程中，我们必须给儿童反馈意见，以便他们了解征求意见的过程能够改变一些事情。在实践过程中，这种做法演变成以儿童为中心的课程，课程以儿童为中心的对照证据为基础，这一特点在许多幼儿园都因为文书工作的要求而被替代。

以儿童为主导的地板书的内容，将其作为指导手段，使得课程规划的动机非常明显。儿童提出的目的性文本，如泥土、坡、冰、树叶和火之类的东西以及相关的学习常常既有深度也有广度，而在活动顺利进行之前，书本的线索常常不能确定。恰恰是这些地板书对我们的工作起了不可或缺的作用，因为它们是聆听儿童心声和给予儿童平等民主的根基。

案例研究：蝴蝶

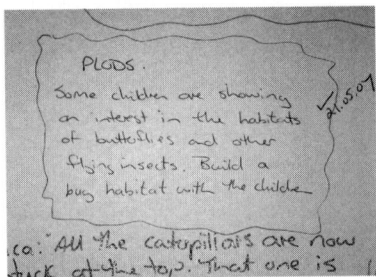

一个三岁女孩正在画蝴蝶，这时她向小组伙伴提问："蝴蝶有几条腿？"一个五岁男孩回答："蝴蝶没有腿！"此时，在一旁的成人感觉可借此开展针对蝴蝶的深入研究（可行性发展线），于是他让孩子们对蝴蝶的构造和生命周期展开研究。

大家买来毛毛虫，它们到货时装在带有食物培养基的箱子里，孩子们凑过来观察毛毛虫的生长。"它们正在长大。它们长大了，还吃东西。""我看见它们有刺。""它们就住在这里吗？它们不出来吗？"由此展开了一个研究式教育项目，内容是研究毛毛虫的习性。

"所有毛毛虫都挤在顶部，那个已经变成一个茧了！""那几个要变成'图蝶'了！"一个四岁女孩这样形容连接虫茧上的丝线："它们就是这样吊着变成蝴蝶的。"成人提供了各种异域蝴蝶的图片，利用这些图片，孩子们丰富了对当地以及其他国家不同种类蝴蝶的认识。蝴蝶孵化时，孩子们会花时间照料、观察、讨论和画出自己最感兴趣的特征，如翅膀、腿和卷曲的长舌。

一只蝴蝶死后，孩子们在数字显微镜下进行仔细观察。"我以前不知道蝴蝶有毛发，我可以在它身上看到毛发！""两只大眼睛，看，还有一个弯曲的舌头。""我看到它有脚。"这个研究性课程内容还包括在显微镜下观察其他虫子，比较特征并进行分类。在使用显微镜和用手指移动蝴蝶的时候，一个四岁男孩说："看，那

是我的手指！我可以看到我的指甲，好长。我正在移动手指，看，看它多大啊，一根巨大的手指！"孩子们在探究过程中稍微偏离主题看到了人的特征，然后又把注意力转回到蝴蝶身上。

探究结束时，成人可以对儿童掌握的知识情况作总结评估。这是一棵会说话、能思考的树，周围是蝴蝶的视觉表现，便于儿童分享他们对蝴蝶的了解。

回顾教学反思时，使用具有儿童特点的语言，如"软乎乎"的毛毛虫、"刺挠的"蝴蝶等，这些都是可接受和值得重视的关键知识点。

儿童拥有关键的知识/态度和概念，都是他们在短暂而充满活力的生命中积累起来的。如果在喧嚣的生活中，没有人给他们充分的时间去讲

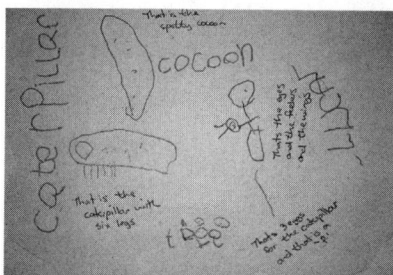

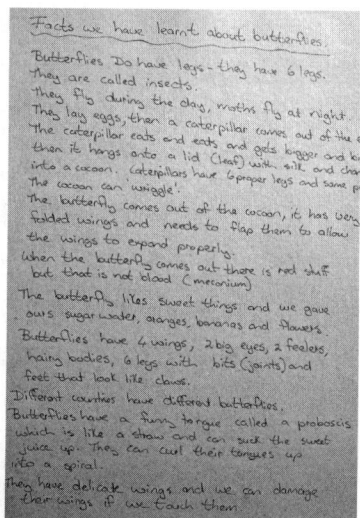

述，去倾听他们的想法，他们自己也就不会注意到自身能够将这些知识点和想法应用得如此之好。

要点

- 向儿童询问他们的理解和计划，能够使学习过程更加高效。
- 地板书展现了儿童以小组形式探究学习的过程，这使儿童与自然的关系更为密切。
- 学习发生在一个学习共同体中，小型家庭式团体使学习方式更自然。
- 个人学习经历能激发创建有效的个人反思学习记录。

第九章

与自然和谐相处

在放大镜下观察雪花，会看到自然最精致的工艺品。

——雷切尔·卡森（Rachel Carson）

过往的日子里，在年度季节周期循环之间有着实实在在的联系。无论你身在何处，都会发现自然变化的迹象。如，天气明显体现了季节性变化，这也为人们提供了一个显而易见的讨论话题。如果希望仔细关注自然的变化细节，如动植物的繁殖周期，则需要花时间探索其微妙的变化之处。在英国有四个季节，而一位来自澳大利亚珀斯的同事，使用沙袋鼠皮来描绘当地人感受到的六个季节。

悉尼的一个编写组出版了一本十分精致的书，叫作《德哈拉瓦尔》（*D'harawal*）（Bodkin，2008）。书中探索了人类如何理解自然变化的多层方法。与地球紧密联系，就能够看到并感受到最微妙的变化。然而大多数人会把这些变化归纳为"有点热"这样的一般性说明。长期以来，人们已经建立了这样的基本常识，即为了生存必须要与自然和谐相处。建立起这样普遍认同的常识以利于代代传承真是一件可喜的事情。

在很大程度上，我们所做的是把儿童和一种方式重新联系起来，这种方式是人类与自然和谐相处，获得自然的潜能支持的方式。健康且不含添加剂的食物是儿童的主要需求，这在我们的工作中占很大比重。大部分时间我们让儿童制作面包。发酵类面包用面包机来制作；简单的不发酵的棒状面包（未干燥）直接放入热火灰或余火上的荷兰灶中烘烤。

聚会时的厨房绝对能够让人兴奋不已！人们喜欢在做饭的过程中聚在一起相互交流，儿童也是如此。食物拉近了他

们的关系，聊聊自己制作面包的方法，或者大家采摘了多少浆果。在我们的自然幼儿园里有儿童厨房，那是个开放式的原木建筑，设计上复制了家居环境中一家人围坐在厨房餐桌旁的体验。厨房为了适应不同身高的儿童的需要设置了不同高度的地面。儿童做饭的位置按照适合的高度设置了凸起的台阶，便于他们站在适合的高度烹煮食物。大操作台按照适合普通家庭人数的尺寸设置，这样全班或全组儿童都可以围坐在桌边制作面包。原木炉边设置了舒适的休息座位，完美契合了整个空间。我们把户外厨房称为儿童厨房，它为我在本章中描述完整的自然幼儿园中的儿童体验起到了真正的作用。我认为该空间的设计以及构成该环境的木质材料和所使用的燃料，都代表着与自然循环的和谐统一。

吃饭环节虽然耗时，但十分值得，对儿童的社交学习也起着重要作用。餐垫是儿童自己制作的，黏土盘也是。他们开火、上釉、再开火，直到黏土盘足够瓷实。儿童把搪瓷杯和刀叉摆放在桌上，当他们入座后，总有一个中心人物会提出一些话题。在大多数日子里，点亮蜡烛后，儿童便和成人一起分享午餐。越来越多的儿童选择留在这里吃午餐，因为儿童厨房的氛围悠然轻松，不紧不慢，这也成了我们核心教学时间的一部分。

儿童直接参与准备

食物这个过程很重要。他们可以独立在森林里制作棍棒面包，这样每名儿童都可以吃到自己做的食物。在儿童厨房里，每个人都有自己的不锈钢碗等厨房用具以及用来鼓励儿童动手做饭的食谱。在这种环境中，他们也就形成了日常生活普遍存在的多层次秩序。

自然幼儿园的儿童一直都在学习和运用技术。他们用谷物磨碎机磨碎玉米或燕麦，加入混合面粉，对面包机和果酱机安排规程，在真正的烤箱中烘焙。他们用数字温度计测量食物温度，在操作过程中了解微波数字技术。

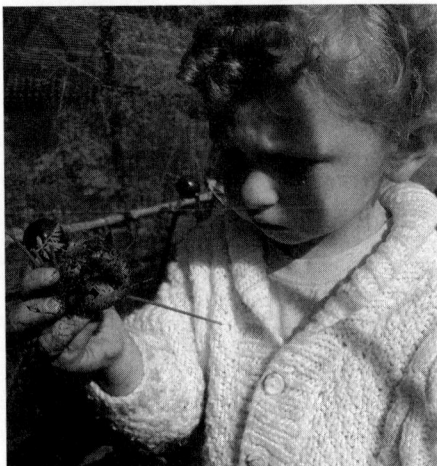

户外花园空间采用专门的景观设计。这是一个由弯曲的绿茎搭成的通道，顶上的遮盖物保护着陷入困境的鹿和兔子。每隔几年，我们会对通道进行翻修，这对于儿童建立起对该区域的拥有感、责任感具有积极作用。在花园中，每种植物的种植和设计都不尽相同，在周围红醋栗、黑醋栗和黑莓等多年生灌木的映衬下，每年我们都会做出关于蔬菜的新决策。当我们第一次研究儿童认识花园中水果蔬菜的种类时，我们发现，他们明显对水果蔬菜的来源了解得不多，所幸这种情况渐渐随着他们探索学习时间的增加而有所改变。

学习探索的可持续发展性贯穿于我们所做的每一件事。玛丽·皮福（Mary Pipher，2008）在她的书《彼此的庇护所》（*The Shelter of Each Other*）中描述了一种生活方式，这种生活方式对于全世界越来越多的儿童来说都非常熟悉。"如今许多儿童更愿意待在家里看电视，我担心他们不知道自己错过了什么。儿童不会爱上对他们来说未知的事物，也不能错过没有经历过的事情。"我们的作用是创造一种可持续的方式方法，通过多种途径将儿童和自然联系起来，从对自然的敬畏和惊奇，到建造庇护所，或一起制作食物等开始。

儿童在早期与自然建立联系的体验会转化为情感，这种情感会成为他们在以后的人生中持续探索的动力基础。我们面向儿童开展工作时，用经验建立意识主线。如，用食物垃圾堆肥，堆肥桶可置于地下，可减少害虫的危害，而且不需要倾倒，便于管理。

未经烹饪和未加盐的蔬菜剩余物可投入饲虫箱或堆肥桶。从饲虫箱底部收集的"神奇能量食品"（有机肥料）及其在蔬果种植中的应用，让儿童亲眼看到这种循环利用具有重要意义。花盆用报纸而非塑料制成。刷洗陶罐的过程与关闭花园区准备过冬密切相关。儿童可充分参与食物区的有机管理。在适当和可行的情况下，也可以在自然幼儿园使用配套种植、滴灌系统和水耕栽培等技术。

花园空间的设计带来了农产品的各种种植方式，这只是它众多特点中的一个。苹果树的生长让人叹为观止。黑醋栗灌木叶具有浓烈的气味而被制成花瓣香水。碎木片用于制作艺术品。空间以各种方式得到重复利用，真正诠释了可持续性在实践中的意义。最好不要用化学物质替代矿物，而是通过种植的方法，这样有助于儿童理解和感知自然自我平衡的能力。这也表明，以这种方式工作可以使生活更加便利和健康。

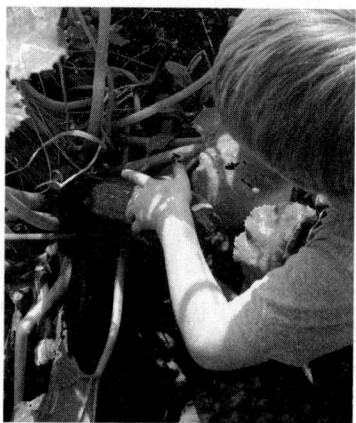

当然，出于对可持续性的担心，我们通常避免使用泥炭基产品，取而代之的是使用本地加工的羊毛基堆肥。通过这种方式，儿童可以很容易理解这种行为与自然产生的联系和影响。

在自然幼儿园，儿童能够处理所有天然材料，因此能够完全参与制备、种植、田间管理、收获和加工的过程，并能够对很多相关话题开展讨论，如，害虫和疾病、动植物生命周期以及食物的重要性等。

案例研究：土豆

自然幼儿园的孩子们在探索块茎时，对土豆尤其感兴趣，于是我们把各类土豆装袋带到幼儿园。孩子们使用相对复杂的拣选标准给土豆分类，如，是否是完美的椭圆形，颜色、气味、纹理和芽眼的形状和数量等。孩子们会对土豆

进行描述："它上面有小虫。""看，这个特别奇怪，像有虫子从它身上爬出来一样。"一个四岁女孩只想要粉红色的土豆。她把土豆切成许多薄片，并且计算能做成多少薯片。有些孩子把土豆按大小排成一排，另一些孩子则寻找最有趣的形状："雪人和猪的形状，我最喜欢那一个。"孩子们用手电筒仔细观察土豆。一个四岁男孩说："我是土豆分拣员，我的名字是土豆分拣员。"

有的孩子提出，如果土豆放在花园里会发生什么。"土豆会发芽。""我们需要种子。""如果把它们都种起

来，就会有好多好多土豆啦。""有时候它们不生长。""这个看起来好恶心。"一个四岁女孩用刀切开土豆观察究竟为什么"恶心"。"我看不见虫子，是蜘蛛吗？""再切掉它，再把它切成两半。""那就是四分之一吧。"通过相关的概念和知识，使用灵活的途径和方法，学习过程自然发生，并激发了孩子们的探索兴趣。

孩子们把土豆种在花园里。一个四岁男孩希望土豆按高低顺序生长，所以

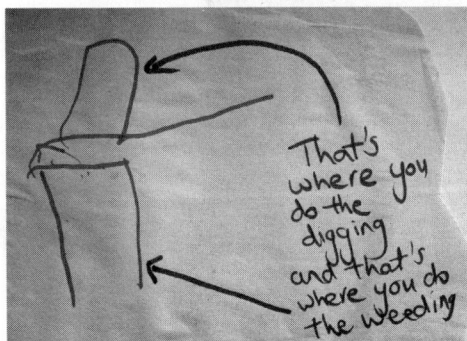

That's where you do the digging and that's where you do the weeding

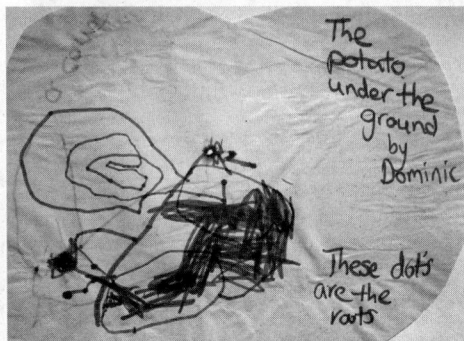

The potato under the ground by Dominic

These dots are the roots

他按照大小顺序种植。

孩子们以图表的方式每天记录土豆植株的生长情况，教师让他们讨论长出来的小白花。当一些土豆挖出来太早时，个头会很小，所以孩子们就会明白，应该让土豆长大一点再挖。

当孩子们认为土豆已经足够大的时候，整个小组就可以一起来挖土豆了。"你必须一个劲儿地挖，然后就能找到啦。""它们在地下生长，都粘在一起。""我们可以煮着吃，我们可以把它们带回家，让妈妈来煮。""我找到了一个，它很脏，我现在得去洗一下。"

所有两至五岁的孩子都喜欢清洗土豆并把新挖的土豆进行分类。一个四岁孩子观察到，他们的土豆没有一个是"有毛病的"。而随后，他们也拿了一些土豆回家和家人分享。

我们自然幼儿园的孩子们很热衷于用土豆炖菜。他们把土豆切块、去皮，然后切碎，加入胡萝卜和西红柿。孩子们自己决定制作最好吃的酱汁需要多少水，在锅里加水后把荷兰灶放在火上，他们就去玩耍了。

当他们闻到炖菜的香味就开始往回走。"闻起来好香啊，像是土豆的香味"，"我们像爸爸妈妈一样做晚饭啦"。

很明显，孩子们非常喜欢围坐在炉火旁吃自己炖的菜，那些平时挑食的孩子们也很喜欢吃自己做的东西。以自然提供的原材料带来的实践体验具有强大的作用，另外重要的一点是，孩子们要懂得把没有用过的东西放回原处，只取用需要的东西。

要点

● 当儿童能够以各种方式与自然发生联系时，便能与其产生根深蒂固的联系。

● 如果学前教育机构与自然保持长期可持续的和谐相处，那么自然就可以提供很多原材料，儿童也就可以在学习过程中充分利用这些自然资源。

● 不论是品尝应季的食物，还是为创造性使用而生长的材料，抑或是感受到的各种季节变化的经历，都体现了自然幼儿园与自然的和谐相处。

第十章

顺应自然的作息

遵循自然的步调，她的秘密在于耐心。

——拉尔夫·瓦尔多·爱默生（Ralph Waldo Emerson）

我读过的很多书都提到各种形式的户外探索学习，有的侧重方法论，有的涉及体育锻炼。然而，很少有书中提到对学习步调的影响，或应该如何确保儿童按照"自然节奏"进行学习。如果儿童的感官系统对于提高学习效率起作用，那么让儿童有充分的时间按自己的节奏进行学习、探索和实验是非常重要的。

为了加强儿童的客观理解，应鼓励他们将学习重点放在认知模式上，而不是对自然环境直接进行调查，这种压力式体验在西方文化中尤为常见。认知模式鼓励儿童从依赖感觉标准作为认识世界的方式转变为从认知标准认识世界，并在这个过程中构建对自然环境更客观或更科学的理解。

这种转变的代价是巨大的，包括儿童的生理和心理同所处环境分离。"因此，儿童从适应和同情的态度转变为批判和分析……，不再通过经验理解世界，而是从别人那里获得。其个人多维世界与他/她的朋友的世界一样，变成了科学世界。"（Sebba，1991）

随着儿童认识世界方式的转变，他们在生理和心理上同所处环境分离，这值得学前教育工作者和儿童发展专家仔细思考和讨论。成人认知世界的角度具有严重的局限性，通过这个角度，我们看到的不过是"有缺陷的翻版"（Bialik，1938），与儿童看待世界的方式大相径庭。从童年到成年，我们的接受能力在逐渐减弱。儿童的认知方式是"长时间连续性地忘记自我……，他们是只有眼睛和耳朵的存在。所以他们不会预测任何事情，也不会对事物进行概括或者分类"，这与成人的认知倾向迥然不同（Hinchman，1991）。

儿童感知世界的方式的丰富程度部分取决于他们的先天原始视觉。原始视觉直击"事物的表象和精髓"，无所谓对错优劣（Bialik，1938/1939）。大多数人仅在儿童期才有原始视觉能力，因此，家长和学前教育工作者应该尊重和珍视这种认知体验自然世界的方式，而不要催促儿童任其消逝。

儿童的认知方式如果得不到认可和支持，则可能对他们在未来生活中和自然的关系产生重大影响。肖·琼斯（Shaw-Jones，1992）要求我们考虑"我们思考的方式，我们形成世界观的思维导图，这些都影响着我们对自然的感觉以及我们面对自然的行为方式。"我们通过确认并强化儿童的认知方式，培养他们用一生去热爱自然，否则可能会加剧更多愈加复杂的环境危机，这种危机在很大程度上是由于越来越多的心理疏离和对自然的偏见导致的（Cohen，1984；Devall，1984/85；Raglon，1993）。过早强迫儿童锻炼抽象思维能力会"破坏极为重要的自我与世界的统一"（Pearce，1977）。

提早进入学习状态的步调在逐渐加快，童年的时间以惊人的速度被压缩。原本认为的包含无聊元素的"闲散时光"有助于激发儿童创造力的观点似乎不再被认可。英国儿童四岁就可以入学，但苏格兰和威尔士的儿童最迟入学年龄仍是六岁。

虽然学校的学前教育部门试图创造和谐的家庭式环境，但它们仍然是具有在社会中"建立规范"的风险的机构。如科布（Cobb，1977）指出，创造力与具有以自然为基础的内在思维方式的成人的积极态度之间存在真实的联系。四岁是一个可塑性极强同时又是积累经验的年龄，自然和它自由的属性对于这个年龄段的儿童具有很深的影响。

儿童需要有机会对认知对象进行重新审视，这不是指一次认知发生过程中的几分钟时间，而是对儿童自身具有意义的时间框架。通过回顾反思过程发展的后摄认知是一个强大的工具。自然幼儿园的一个男孩说他现在了解到外星人没有大黄[1]的那一天很重要，应当载入工作文件，并应让他和他的同伴看到此事被登记。学习的关键时刻实际上发生在大黄首次被注意到的八个月后。我们应顺应自然固有的运行步调。地板书中最初记录的思想被再次后摄认知的时间可能是几个月，也可能是几年，但有时可能是不到一个小时。这一体系的灵活性必须反映自然世界的不可预测性。

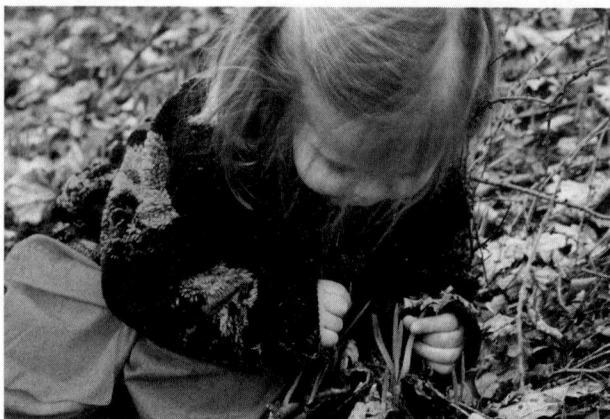

最近有人问我关于时间压力的问题，虽然没有最后期限或没有规划的时间对于大多数成人而言是难以想象的，但童年时光弥足珍贵，值得保护。儿童是自然的一部分，因此童年的时间节奏应该和自然保持一致，而不应对游戏的目标和时间表做过度规划。

1　一种草本植物。——译者注

案例研究：外来大黄

"花园里有个'外星人'。"一个三岁男孩早上来到自然幼儿园后大声喊道。他仔细观察这个外来物种，发现在新鲜的土壤上赫然长着粉红色满是皱纹的植物。"它就这样出现了，浑身皱巴巴的，棕色的一团，乍一看还有点恶心。"

接下来的几周，孩子们通过观察它展开的叶子和缓慢伸直的茎，慢慢地确定这个外来物种就是大黄。大黄就这样成了大家的焦点。孩子们观察到鼻涕虫喜欢躲在大黄叶子下面，于是就定期把叶子抬起来，让鸭子能够找到隐藏的鼻涕虫。

孩子们看着大黄中心长出花朵，用自己的身体和它比高。到了收获大黄的季节，他们用巨大的叶子遮挡住自己说："我的叶子是最大的。""我的叶子比我的头还大。""咱俩藏在一起吧。"孩子们发现放一晚上或放在阳光下的叶子会变得软塌塌的，这直接激发了孩子们探索液体流失和蒸发现象的热情。"我的叶子站不起来，我想让它站起来。"

一个四岁男孩观察着叶子的大小和茎的长度问："可以吃了吗？"孩子们知道大黄叶有毒，但茎可以吃。

一个三岁男孩说："我妈妈会把大黄茎切开，放进锅里煮，然后搅碎，再加点糖和葡萄干。"一个四岁男孩回答："不要放葡萄干，不要把葡萄干放在布丁上，加点面粉和糖吧，我喜欢吃肉桂。虽然看起来像棕色粉末，但味道很好。"其他孩子说："我的煎饼上有肉桂，肉桂和糖。""我喜欢煎饼。""我有煎饼，我妈妈做的煎饼特别好吃。"随后，孩子们设计了食谱，列出清单，写下原料和数量，有些食谱我们真的照着烹饪，还品尝了，有些则肯定是不能吃的。

植物上的残叶逐渐变黄，出现孔洞。孩子们仔细数着这些孔洞，寻找罪魁祸首。一个四岁女孩说："叶子上全是小孔，一定是鼻涕虫吃出来的。"一个四岁男孩接着说："也可能是蜗牛，蜗牛也吃叶子。"

一个三岁女孩观察着，说道："一个红色，一个棕色，还有很多黄色的。"这个四岁男孩又说："它们死后就会变成棕色，很软，我不喜欢它，鼻涕虫现在肯定不会吃它了！""我认为这个是鼻涕虫吃的，咬成了小孔！""我可以从小孔看见你。"

最后，孩子们把这个棕色的、黏糊糊的腐烂叶子放到堆肥箱中。他们定时来观察，看是否会出现新的大黄。

第一次发现大黄的一年后，当时的那个男孩今年已经四岁了。一天早晨，他迈着步子走了进来。"它回来了，我知道它看起来像一个'外星人'，但它不是，它是大黄！"

从第一片叶子的出现到分解，再到出现新叶子，整个研究学习过程持续了一整年。

自然幼儿园按照自然的时间节奏开展工作，这与儿童的成长规律更为协调。重要的瞬间是学习的起点，而不仅是必须急着向前推进的单一地点。幼儿园教儿童基础知识，引导他们回顾和反思在自然中的经历和学到的知识，这种后摄学习对于人的终身学习具有重要意义。回顾过去，我们往往会极为深入地意识到，并发出这样的慨叹："要是能够回到当初，那该多好。"的确，我们一生都在学习，随着我们逐渐长大，学习变得越来越深入，知识面也越来越宽，但我认为，在儿童的时间框架内，他们的学习在情感上是非常强大和持久的。我们随着年龄增长的，是智慧。

要点

- 儿童需要时间思考、探索和吸收。
- 童年及其思维过程的独特性值得赞美。
- 根据儿童的学习风格和步调进行反馈，有助于为儿童和自然建立联系，夯实基础。
- 元认知策略应适用于儿童学习不同阶段的特点。

第十一章

旅行与交通

与自然相处的每一步，总会有超过预期的收获。

——约翰·穆尔

成人能为儿童提供的最好的教育资源是把学前教育机构设立在空气清新的自然空间中，让儿童自由地享受在那里度过的每分每秒。目前在世界范围内，我们致力于在各种空间中给予儿童和谐的关怀。有的森林学校项目安排儿童乘坐巴士去当地的林地，有的安排徒步前往营地，大多都会安排旅行活动。这些走进自然的行程安排是儿童学习体验的一部分，然而我们需要关注的是儿童每天沿着固定路线进入自然空间对环境造成的影响，被踩得紧实的土地难以再有新生命的萌芽，受到人类重复造访的林地上植物的自然演替行为也会受到抑制。大量儿童每天都在同一区域开展活动，这加快了花草树木被剥蚀的进程。旅行类的活动提供了很多可能性，以尽量减少对这些我们渴望亲近的空间造成不良影响。

在我们的场地，进入树林或去户外的过程是儿童真心喜爱的预备活动的一部分。每名儿童都会有一个帆布背包，自己把帽子、手套、食物和饮品放入背包。相关领域的研究表明，在适当的情况下建立一套授权机制为儿童赋权，能够支持儿童独立性的发展。制作一个帆布包架，或利用一棵带权的树让儿童安放背包，并在需要时取用物品，这就是在赋予儿童权利让他们实现自我管理，培养他们的独立性。

当你开始关注儿童在开放的自然空间里自由洒脱地玩耍时，你就能感受到，实际上动物和儿童具有相似的欲求。这是一种潜在本能：对食物的渴望、对激情的向往、对热闹的追求、对未知的好奇以及对家园的依恋。历险的感觉令人兴奋，与之相伴的还有探索不同空间的期待感。这些历险行程在成人看来或许短暂，但儿童却将其视作一次攀山越岭的长途跋涉。对他们而言，即便是成功登上一个小土坡，也如同征服珠穆朗玛峰一样。儿童在这个过程中收获了极大的成就感，这也能为儿童的自尊发展带来积极的影响。

在自然幼儿园中有一些常见的相似特性，其中最主要的是四处可见的用于标记地点的告示牌。这些小木牌上写着各个活动空间的名字，如"荒野之林""低矮山洞""蘑菇花园"或
"分裂空间"（岔路口）。这些牌
子通常用可生物降解的材料制
成，因而一段时间后，一组新的
儿童到来时，这些地名也可能被
替换。对于一个游戏空间，一个
传统的名字也是其历史的一部
分，然而如果所有场所都已被命
名，且这些名字的存在也是永久所属关系的象征，那么这只会限制后来的儿童
的热情。

活动空间内的路径安排至关重要，设计过程和最终决策都需要投入大量精
力并加以思考，因而十分复杂。

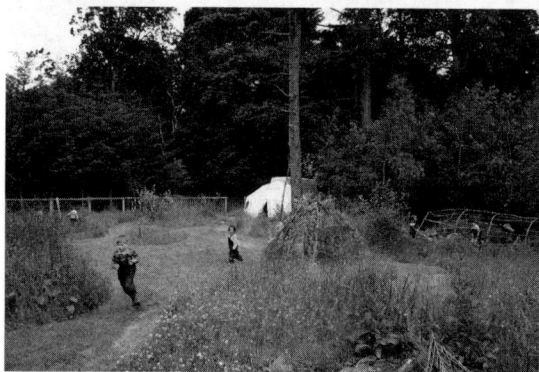

运动方向和方式。儿童一起
讨论如何通过障碍，绕道还是翻
越，爬过去或跨过去；讨论道路
特征，如路面铺设沙沙作响的枝
条，防盗装置或用来迎客及御敌
的小拱门。

旅行路程和时长。儿童需要
决定规划怎样的旅行，是让人精
疲力竭的长途旅行，还是短途旅行以便给烤棉花糖预留时间，还是照顾低龄儿
童的超短途散步。

在不同时段如何安排危险程度不同的活动。如选择登上圆丘山顶的方式时，
是利用绳索攀岩，还是平缓地顺着盘山小路溜达上去，取决于儿童当天以及活
动进行中的能量水平。晨间活动可以安排一些令儿童兴奋的活动，午后则可选
择散步、闲游之类平缓轻松的活动。

儿童通常会在营地范围内选择他们定向旅行的目的地，如"暗黑溶洞""升
天巨树"或"龙之巢穴"。除非天气突变，他们不得不改变方向去"咏唱神木"
下集结。这种例行回访可以让儿童与自然建立真正的联系，更好地观察体验自
然的各种变化。同时，灵活变更活动路线也让土地得到合理休整，减少持续利
用带来的不良影响。

赋予儿童自由的同时，又要适当划定活动界限以便监管。树木和路标是有效的方式。儿童会根据在探索玩耍中注意到的特点，给树木加上各种角色设定，为它们取名为"咏唱神木""仙子树"或"跳跳木"。在自然幼儿园的儿童身上，你会注意到这样一个有趣的相似点，即便是在公共树林里玩耍，儿童也会给一些集结地点命名，而一些地点甚至在若干年前也被他们的父母取过"狮子树"之类的名字。

路与路交界处的过渡点通常会用拱门、雕塑等进行标识。一群儿童正考虑开辟一条通往山丘的新路线，他们从制作拱门开始，再以一系列木棍拼凑的箭头标记路线。为了清楚划定这条路线，他们会定义路的边界，而成人常常很难想到这么做。儿童会沿路摆放长长的枝条，向人们指示该去的方向，这些作为边界的枝条可以防止偏离路线。或许这只是儿童一次关于开辟道路的体验，体现了他们对于划定区域范围的需求，对我们的研究团队而言，这也是一个有趣的探索焦点：在一个成人认为能给予儿童自由的空间里，儿童到底有着怎样的需求？

儿童在路线规划上表现出的集体自治行为在我们看来也相当有趣。他们在做活动中心通道的设计时，理想的路线是一条能避开父母进入花园的路线。因此，他们创设了各种出入口、横桥和隧道。很多年幼儿童乐此不疲地享受着穿越地域边界的通道，这种行为正符合卡西·纳特布朗（Cathy Nutbrown，2006）提出的年幼儿童行为模式（图式）中的一点。最小的儿童常会关注自然幼儿园的入口，满足于花时间去跨越小桥，往返于大门，在隧道里穿梭。英国厄勒姆幼儿园的教育工作者谈到这些联通着不同地域的设施时说，这些通道能带给儿童通往别处的新鲜感。我同意这一说法，但同时我又好奇，这些通道的尽头会不会不是别处，而是儿童"再来一次"的新起点呢？

通过观察三岁以下的儿童，我们能了解他们对野外的感知能力。对儿童而言，材料零散的地方有更多玩耍的机会。两岁儿童将奶嘴装入背包，在整趟旅行中收集各种物品，将它们摆放在之前小组商讨设立的最佳安置点。我们也注意到，儿童有能力为自己寻找长度合适的矮木做小椅子腿。他们最中意那些位于山丘边缘的圆木，在那里，他们

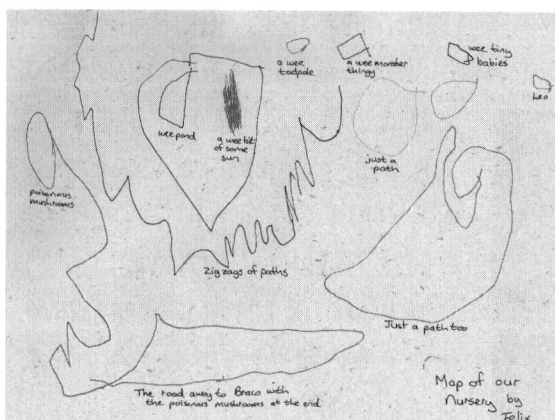

能在不同高度的坡位上找到最完美的座位。在旅行途中，他们也会进行休息调整，在营地或成人的便携吊床上小憩。

在儿童的整个旅行过程中，保持与团队之间的联系是很重要的。为了维系集体行动，儿童需要放缓匆忙的步伐，学会停下来耐心等待落后的同伴。他们会向他人伸出援手，给予他人意见。这些行为都为同伴间相互良性的影响创造了积极的鼓励空间。

案例研究：建屏障

森林附近的大片水域周边常会覆盖一些灌木丛。这些灌木在夏季形成一个天然屏障，而在冬季则变得稀疏，于是出现了更开阔的通道。我们一致同意开

展一项活动，与孩子们一起利用周边树木制
作围栏。确定围栏线路需要结合地形，围绕
树和灌木丛排列篱笆。考虑到水深，需要有
一系列明确的措施以确保安全。可供选择的一个方案是提高教师与儿童的数量
比，或者划定一条安全线限制儿童进入危险地带。我们选择了后者，设立了一
个监管点，一旦儿童越界，成人就会有所警觉。

活动之前，我
们与孩子们商讨了
开阔水域可能带来
哪些危险，大家一
致同意应该筑起足
够高的围栏以防止
低龄儿童意外落
水。孩子们参与围栏设计的部分工作，围栏还附带一个栅
栏门，这样孩子们仍有通道可以接近溪流。

在收集完足够的木棍和枝条并分类排列好之后，成人
先戳下一些桩子，标定围栏的大致框架，再由孩子们把木棍和枝条编在桩子上
做成隔栏。

两个男孩取来卷尺说："我们要量一下，用卷尺量树和其他东西的尺寸。"
他们在树枝上量取一米的距离，再进行切割。不同年龄的孩子们都在一起合作。

营地旁有一条小溪，给孩子们提供了玩水的机会。我们将水边的区域稍做
清理，让两岸的轮廓更加清晰。为了让孩子们可以进入，有更大的玩耍空间，

我们扩大了草地面积，并将围栏延伸到坡面以外，孩子们也设计了栅栏门。

一个四岁男孩认为围栏的结构需要用绳子拴紧："我已经弄了，打了一个结，这样它就不会被大风吹倒了！""我把绳子缠在上面然后打结，里外都打了，之后我又重复做了好多次。""你需要拿一段绳子然后像这样打结，交叉手臂，然后把压在下面的那一段绳子穿上来，这样就能打一个结了！"

一个两岁男孩和一个三岁女孩利用叶子装饰围栏。他们首先把叶子平铺在围栏上，然后向下

摁，让木棍刺穿叶子，这样一来风就不会把这些叶子刮走了。其他孩子也加入了他们的行动，最终，各种各样的叶子被刺穿在枝条上，成为围栏的精美装饰。

一个四岁男孩检查做好的围栏说："我非常喜欢这个围栏，因为它用到了很多树枝。你知道，这个围栏上所有的树枝，我是说每一根，加起来大概有一百根，可能还要更多呢！我现在要去数数每个围栏有多少根树枝，七根！"

在整个过程中，通过给孩子们选择权，

以及征求他们的意见，我们能激发他们在活动中将获得的知识应用于生活中的其他方面。孩子们会继续建造更多类似的栅栏来保护他们重视的自然区域不遭受人类及野生动物的破坏。他们估计栅栏需要多高及怎样的结构才足以保护这些环境，他们用自己设计制造的迷你栅栏将小花园内的野生池塘、乌头草和新生树苗都包围保护起来。他们也会在游戏里创造相似的栅栏，如给农场制作篱笆，给精灵小屋制作迷你小围栏。

从着手做好身心准备，学习自我管理，前往目的地，安营扎寨，体验旅途中的点点滴滴，到最终回到基地，孩子们在一场旅行中的所有经历，构成了这场旅行的全部。事实上，我们还应将旅行后的经验和记忆包含在内，正是这些美好的回忆，在我们的心底串成一幅幅情节画面，延续着这场生动鲜活的旅行故事。

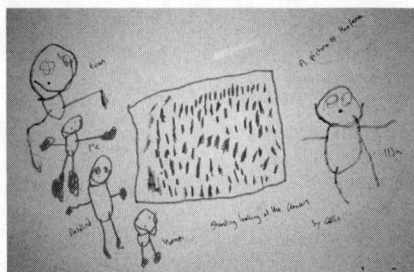

要点

- 结果固然重要，但过程也同等重要。
- 探险使儿童体验变化，发现新事物。儿童在情感上做好准备时，就会自己迈出下一步成长的步伐。
- 在一定时间与空间内的存在感，似乎是人类的一种需求。
- 边界意识是人类固有的欲望。在自然幼儿园成长的儿童具有更远大的自我潜能探索边界。

第十二章

野外体验

翱翔于空中、行走于水面，这些都不足为奇，践行脚踏实地的生活才是真正的奇迹。

——中国谚语

什么是户外？是人类能够感受狂放自由的地方，还是自然万物能够肆意生长的地方？通过旅行，能真正了解人类与自然的相融模式。醉鱼草攀附在教堂的高塔上，杂草在狭小的檐槽中生长，鸟儿甚至在电线杆上筑巢——我们看到这些生命是如何努力地在令人惊异的空间寻得一方立足之处。自然是否正在向我们传递什么呢？每一次我们破坏了它，它都凭借自我恢复能力逐步自愈，经过一段时间的调整与适应后再次回归。

在西方文化的发展过程中，人们逐渐产生了凌驾和控制自然的观念，这就如同去登山，却把本应在登山时要体验的要素隔离开来。人们乘坐汽车或火车通往自然，是为了与自然建立联系，还是仅仅为了征服自然，宣示自己的占有权？

人类一直与真实的自然相距甚远，他们了解的只是自然被人为呈现出的姿态。他们选择用蚂蚁工坊，而不是在自家花园中观察蚂蚁。他们选择使用包装好的泥巴面膜，而不是真正去户外感受泥土。人类制造出各种源于自然的产品，而这些产品却在制造的过程中愈发偏离原貌。

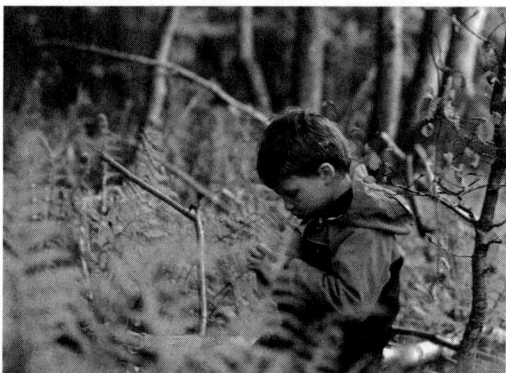

这简直就像是我们在提供"罐头自然"！自然以人类定义的形式在人类的舒适区展现，其内部漂亮地呈现着各种集聚而来的材料。这样的自然着实是美丽的，人们都会为它内部所拥有的复杂材料而惊叹，但它还是脱离了原来所属的自然环境。换一个角度观察材料，就能关注到更多细节。观察事物的微观元素，一个令人惊异的秘密天地将展现在眼前。然而其中还需要一个平衡点，儿童需要一个能够观察到自然原貌的地方，在那儿，贝壳与沙砾、玫瑰与刺、叶子与树木都是相关联的。这种密切相连的关系十分重要，能向我们展示事物之间如何关联。这也给儿童创造了空间，让他们能够创造自己和自然的关联，从而建立起对周边世界的认知框架。

一些教学法建议简化整个体验过程或建立抽象体验供儿童动手。但这种方式真的有助于大脑获得更多信息吗？教育的本质是概括简化"中心思想"，使之愈加神秘，还是应该在早期教育中鼓励儿童进行更深入的思考？我见过一些人向蜘蛛网上喷发胶、撒爽身粉或把它们放在纸上，以便将其带入室内。这种做法会向儿童传递怎样的信息呢？"我们有权随便移走蜘蛛赖以生存的必需品"，还是"这样做完全没有问题，因为蜘蛛会织一张新网"？事实上对蜘蛛来说，织网如同人类建造树屋，是一个浩大的工程。野外是一个以自然和不羁的方式与自然相连的地方。野外绝非人为设计的景观地带，但精心塑造的空间随着时间推移的确可能变成野外环境的一部分。

天然的户外空间是无序、自由且凌乱的，这无疑增加了对儿童的吸引力，且这种环境正适合儿童发挥所长（Heerwagen & Orians，2002）。儿童对户外空间表现出极大的热情，因为户外空间能向他们提供不同的体验。自然主义室内空间、典型花园园林和野外空间三者之间存在挑战。在室内或花园学到的技巧可以应用到广阔的野外。我们依照行为表现来界定此处所指的野外。它是一个存在边界的空间，边界是人们商定的，因此空间内的儿童能够对此有清楚的了解。在其中工作的成人关心且重视群体内部的相互联系、人际关系以及和谐性。但这并不意味着失衡状态不会出现，这种现象表明教师可以在讨论中引导更深层次的学习。

探索玩耍的空间能够对儿童产生影响，同时也会受到儿童的影响，这样的相互影响真实存在且显而易见。当实际游戏中出现了这种影响关系时，儿童就会表现出自治行为。如果强大的成人着手掌控游戏局面，游戏的部分完整性和天性就会受到压制，儿童将在制度和规则下游戏，而不是被赋予权利。为了平衡多种教育理念，儿童的课程不是由他们自己定义，而是由另一群有着完全不同议程的人决定。世界上所有的从业人员都把这作为提供活动课程的方法依据。一些从业者会选择安排野外体验项目。

幼儿时期对自然的体验也与对事物的惊奇感之间存在正相关。科布（Cobb，1977）称，惊奇感不是一种抽象概念或崇高理想，而是一种根植于儿童发展中的感知能力及认识方式的现象。如果这种认识方式得到承认和赞赏，就可以成为儿童一生中精神世界快乐和富足的源泉，以及未来长远学习的动力（Carson，1956）。如果探求不期而遇和精心计划的经历之间的差异，我们可以从儿童的不同反应中找到答案。在小溪中偶遇水獭和在动物园里盯着一只水獭看相比，儿童的反应大相径庭。近距离观察一只昆虫的体验是令人兴奋的，但如果把体验的重点放在本地动植物系群上，会更加有利于儿童对自然的理解力的发展，而且比起带到幼儿园的笼子里的标本，这种体验同样令人惊奇。

自然幼儿园的户外活动场所只能是森林吗？在斯堪的纳维亚和欧洲北部一些国家，由于周边地形因素，我们会发现确实如此。然而森林也和水流、沙滩、沼泽等一系列环境之间存在联系。我现在参与的一个有趣的项目就是研究自然幼儿园在干燥多沙地区的发展状况。我们的工作中一个非常关键的部分就是支持当地工作人员超越"本地缺少自然环境"的认识。自然的印象常常是关于动植物的，然而风也是自然的一部分。温度和寒冷也是主要因素，如，生活在北极苔原这样严寒地带的家庭也能够以其独创的方式在偏远荒凉的地区与自然和谐相处。

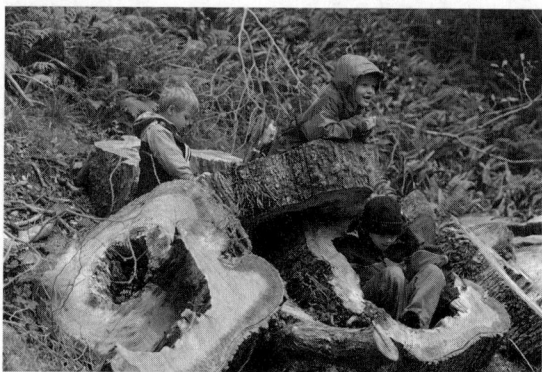

面临挑战最大的是城市地区，那里有大量的安全表面和破坏行为，似乎完全失去了与美丽自然之间的联系。对于生活在城市地区的儿童来说，常常就像最初的丹麦中心那样通过造访市外的自然公园来开展大规模的体验活动。

2010 年，苏格兰政府确定了拨款支持将自然主义式游戏引入儿童生活的政策。这一举措的落地经历了一段相当长的历程。二十年前人们就开始为提高户外活动必要性的意识开展游说、撰文和培训活动，现在促成了许多自然主义场所的发展，过程中有很多论辩、挑战和挫折。也许在未来，我们真的会迎来这样一个充满积极意义的时刻，让我们能够说出：所有这些努力全都是为了守护童年。

案例研究：风中起舞

户外空间给儿童提供了机会，让他们无论是在草地上、树林中，还是沙滩上都可以灵活自由地近距离体验自然原始的状态。两名四岁儿童正在沙滩上用双手挖沙，随着挖掘的深入，从温暖的地表沙土接触到冰凉潮湿的地下沙土，她们对于这种有趣的变化津津乐道。孩子们手脚并用，给湿润的泥沙塑形，还用沙子在皮肤上摩挲，描述质感。坐在后面的女孩向着太阳和风扬起脸庞，闭上双眼，享受着温暖的阳光和掠过发丝的轻风。她慢慢站起来，随着风的韵律起舞，她伸

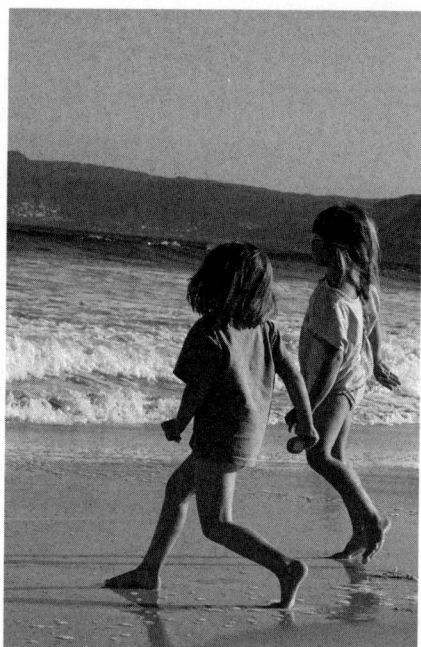

开双臂舞动旋转，她的朋友在旁边痴痴地看了一会儿，随即也加入了这场自发的舞会。她们的舞步将她们带入涌动着白色浪花的浅滩之上，在那里她们捡起的两个贝壳也被带入舞蹈。孩子们将贝壳抛过头顶，让它们追随自己的舞步。她们自己创造了游戏，在波浪中随风舞蹈，看着自己闪闪发光的倒影在水面上舞动。孩子们融入自然，调动所有感官创造了快乐。

要点

- 人类要给自己留出时间感受野性的力量，这样才能更全面地去看待生活的其他方面。

- 时过境迁，"罐装自然"并不能提供与自然直接相连的同等体验。

- 户外空间自由无序，因此它也是对传统质量保护模式的一种挑战。

第十三章

游戏能供性

我们的生活依靠自然的恩赐，应心怀感激地接受，切不可糟蹋和滥用。

——萨蒂什·库马尔（Satish Kumar）

如果我们之前见过面，说不定曾一起看过鸭子的图片！很可能是接受性学习的一种剪贴画意象，不大可能是苏格兰布特岛上的古老手杖，后者蕴含着多层面学习的含义。在这一章，我们将重点介绍实际执行工作背后的一些研究要点。这些研究以实践经验为依据，涵盖范围广泛，为讨论"自然空间中的玩与学"打下了坚实的基础。

自然的优点之一在于它能提供各种各样的资源，让儿童拥有无限制的体验。而封闭、超安全标准设计的资源通常为塑料材质，它能给儿童提供的游戏体验则非常少。为什么会出现这种现象？这对我们的实践有什么隐含意义？

如果有机会，儿童会更倾向并享受在有天然元素的自然环境里玩耍。（Hart，1979；Moore，1986；Chawla，2002；Heerwagen & Orians，2002；Burke，2005）大量研究表明，这些空间存在压倒性的潜在游戏价值，既具备当下的可能性，又有为未来提供更多可玩资源的保证（Cobb，1977）。如果一名儿童无法获得"拥有更多"的承诺和好奇，他可能会表现出缺乏兴趣、厌倦以及缺乏动力，这些情绪实际上都是我们在过度资源化的幼儿环境里观察到的。或许因为环境中存在大量的视觉混乱，或许因为柔软场地里缺失了色彩和谐，又或许因为活动项目的结构性过强而没有给儿童预留个性成长的空间。

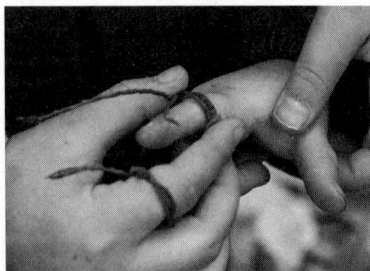

能供性这一概念（Gibson，1979）指的是环境能提供的行为可能。简单说就是能给儿童带来什么。能供性是从环境的物理属性与个人兴趣、想法及意图的相互关联中产生的。因而如果实体环境被过度组织以及超安全标准设计，它尝试鼓励的游戏行为反而会受到自身的限制。如果能够同时进行感觉上的观察与身体上的行动，活跃的探索就能引导能供性的产生。针对这一点，屈泰做了大量调查研究（Kytta，2002，2004，2006）。

通过将能供性概念应用于儿童在自然空间的游戏行为，我们得到以下几个值得反思的要点：

● 能供性对于每一名或一群儿童而言都具有独特性，在某种程度上是不可预测的。儿童在环境中游玩并给环境带来影响，他们同时也受到环境的影响。

● 能供性是高度动态的。不同的特征、元素、材料，在不同场合都给不同的儿童提供不同的玩耍体验。每一天都是不同的，自然空间的湿度、温度和光照持续动态变化，每时每刻都激发着儿童产生新想法和新观念。

● 能供性的数量会随着环境复杂度的提升而逐渐增加。复杂度高的环境能提供无限的能供性。正因为自然空间能有效激发大脑运转，在其中探索玩耍的儿童会展现出十足的想象力。

● 能供性的组合效应允许个体或集体游戏进程自然发展。儿童能为一个瞬间或一件物品赋予相应的意义。一件可以被抓取的物品，对于一名儿童来说可能是钓鱼竿，而对另一名儿童来说则可能是长颈鹿的脖子。

● 当儿童在户外的自然空间内游戏时，自然环境提供的连贯性游戏机会中结合了对感受和情绪的体验。在一个被保护的世界中体验纯粹的游戏活动，儿童既能感受到恐惧、厌恶、失望和愤怒，也能感受到愉快、入迷和满足。（Lester & Russell，2007）

纳卜汉和特林布尔（Nabhan & Trimble，1994）就"儿童为何需要接触自然"和"我们该怎样保证儿童能经常和自然互动"发表了一番引人注意的论述。根据他们的建议，首先应反思游戏场地的概念——"为了应对可供儿童玩耍的户外区域日渐减少的历史趋势，我们必须想办法让儿童走出人工铺设的路面，接触泥土和植被，允许他们挖掘、攀爬甚至摔倒。对很多儿童而言，正式的游戏场地是唯一的户外体验场所，因而我们是否应该更多地把注意力放在种植，而非建造设施上呢？"

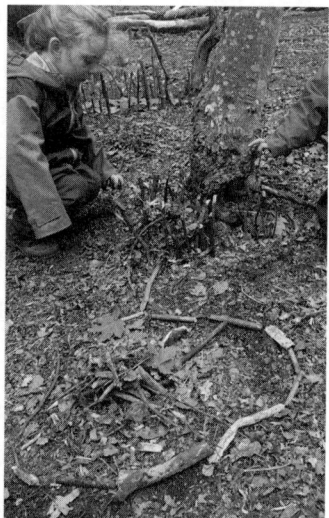

儿童的思维方式在自然环境中能得到十足的发挥，因此他们能有更多的机会去冒险、构建和再创造。正是自然环境的"粗糙性"才使它具备了"开放、多样、可开发、无特质以及野性……，自然的未知和不确定将它打造成优秀的游戏探索伙伴。这种创造性的合伙关系就像观众和演员、陶艺工人和陶土、摄影家和拍摄物、画家和帆布。具有开拓创新精神的儿童不仅是在进行艺术创作，更是在以这片地域为媒介来了解世界"。（Moore 引自 Nabhan & Trimble，1994）

在以色列、丹麦、澳大利亚都有废品游乐园，这是通过人造材料实现高度游戏能供性。意大利的废料商店及 Re-Mida[1] 中心和这一概念相关。有些户外活动顾问利用各种搜集到的材料建造景观。人们正在加工生产一种新型旧面包木箱，而它最初的目的是减少垃圾填埋，这在我看来是具有讽刺意义的。开放式的游戏材料不一定是纯天然的，但倘若使用天然材料，它们将会更丰富，对环境的负面影响更小。

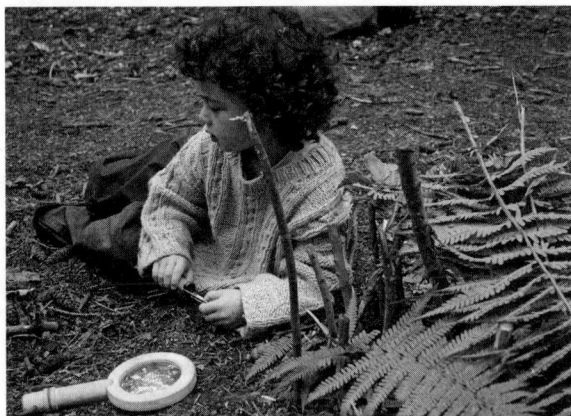

我们工作的本质是寻求利用天然材料设计野外空间，以自然的迷人变化为核心，围绕可持续、视觉和谐和纯粹的美提供额外的伦理理由。

那么，这样的户外空间会具备怎样的特质呢？毋庸置疑是天然，同时，自然环境中具备更多的简易元素让儿童思考它们的美感、用途和游戏价值。沃德（Ward，1988）以树木为例显示了自然蕴含的极大的游戏能供性潜能——"树木可以让儿童攀爬、躲藏，既能作为堡垒，又能成为基地。它周边的植被和树根能使它变成窝点或小房子，起到庇护、地标、保护隐私等作用。一棵倒塌的大树又能被当作障碍赛道的一部分或建造窝点的原材料。在树木周围还能找到小鸟等小动物、七叶树果、落叶、泥土、冷杉球果和有翅种子。树木给所有发挥想象力的游戏提供了合适的背景基础。"

不仅如此，自然环境中种类繁多的物种也大大提升了它的游戏能供性。如，不同品种的树木在不同时期的落叶，产生各种种子和果实，它们的根部和枝干也以不同方式生长。无论树皮还是其他特质，每一棵树都不尽相同。我想起一个男孩曾告诉我每棵树都会唱不同的歌。他发现他的小木棒能在不同品种、大小和树龄的树上敲击出不同的声音。两岁的他还很难用有限的语言解释物种不同的成长速率以及气候因素带来的影响，或是树木内的木质和韧皮怎样充当谐振管发挥作用，但他能凭直觉理解这一切，并在游戏过程中展示这些树木由于内部构造而产生的差异性。

---

1 Re-Mida 成立于 1996 年，位于意大利瑞吉欧小镇，是一个幼儿中心文化项目，专注于可持续性、创造性和废料研究。组织与各级学校的会议、专业发展课程和城市活动。激发人们反思废物废料的伦理和教育资源内涵，避免了"无用"和"浪费"的定义。Re 隐含"回收再利用"的意义，Mida 指希腊神话中点石成金的迈达斯国王。因此这个名字以极具传统和神话色彩的方式诠释废品回收再利用的文化含义。

要设计出符合自然理念的游戏环境，我们需要切实了解能调动儿童积极性的要素。斯图亚特·莱斯特（Stuart Laster，2006）的研究表明，儿童天生善于发现能供性，他们是"能供性鉴赏家"，他们能够通过户外游戏发现最大的能供性，并自发产生充满趣味的游戏问题。

不论在海滩、草地或森林，我们的自然幼儿园都充分利用天然材料开发最大的游戏能供性。本章的典型案例展示了教师对能供性的理解，探讨了游戏的精妙特征以及教师在其中的作用。

案例研究：想象游戏（transformational play）

在走访德国一个森林幼儿园的过程中，我们体验到一种想象游戏，当苏格兰自然幼儿园的孩子们在林地里度过漫长的不受干扰的时光时，我们也观察到相同的游戏。

一群孩子正在给一艘小船进行扩建，这是他们之前造访林地时建造的。孩子们挑选了一块块特别的木质零件，并将其加装到小船上，这艘小船被改造得像艘宇宙飞船。一个五岁男孩找到一块削好的木头，并用它来做钻头、油泵的喷嘴和激光枪。

男孩到处为太空舱寻找座椅，他带回一块大木头并自豪地宣布道："这是用来挂我的衣服的，我的帽子放在这儿，外套挂在这个钩子上。"

他的一个朋友说这块木头看上去像一只长颈鹿。于是男孩用松针为这块木头做了尾巴，假装喂它吃草，并骑在它身上。一个三岁女孩被邀请来骑，她说："这真是一匹好马！"

即将回到自然幼儿园的时候，这个男孩恋恋不舍地想把他的长颈鹿带走，自然幼儿园的文化允许孩子们做出这种选择，但孩子们需要自己负责把它带回中心。男孩把木头放在身后用手拉拽，当他累了，一个朋友会帮他拿。教师会给予适当的口头鼓励，不会催促，但也不会为了减轻他们的工作难度而提供诸如绳索拖拽等任何建议。教师认为孩子们知道绳子的位置，在他们有需要的时候会自己取用。大约十分钟后，孩子们停了下来，告诉成人他们需要绳子来拴着这只长颈鹿并将它拖行于身后。由于拖拽所耗费的能量相对较小，男孩可以跑到队伍前面了。一个女孩拦住了他，坐在这块木头上，把它想象成在冰面上很容易拖拽的雪橇。

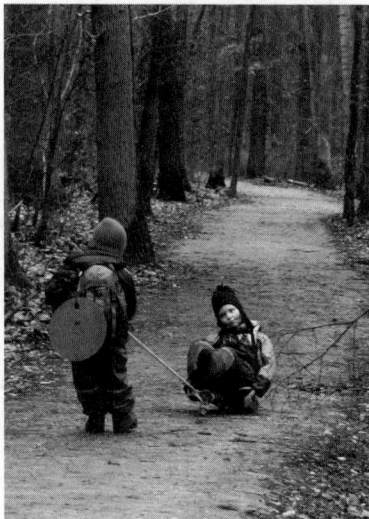

到达自然幼儿园后，男孩取下绳子，把木头放在门边并自豪地宣布："这是我的衣架，这里是我放帽子的地方，这里是挂衣服的钩子。"游戏提供了充满无穷可能性的机会，让孩子们可以发挥灵活性并进行各种想象。这些想象游戏的范例为我们打开了一扇窗，让我们得以了解儿童天马行空的思考之旅。

要点

- 具有较高游戏能供性的景观能够提供最大的学习潜力。
- 比起充斥着塑料和封闭性材料的景观，自然环境更加环保和可持续。
- 大多数儿童天生具有这种能力，熟谙开放性游戏的本质及其提供的游戏能供性。

第十四章

探索内在联系

太阳每天升起，露水应季而生，阵雨时时降临，水汽不断上升。永恒的日出、黎明、黄昏，随着地球的转动，轮番降临在海洋、大陆和岛屿上。这是一场宏伟而永恒的演出。

——约翰·穆尔

儿童对周遭世界有最自然的理解，正因如此，他们对世界的任何一方面都深深着迷。幼年时期的儿童都是小小探索家，他们天生喜爱质疑的思维总能引导他们提出最基础，但也最发人深省的问题。而这些问题的范畴究竟能拓至多广，这些经历究竟有多么真实，则是需要长期探讨的话题。

世界上许多文化都有一套关于土地和环境交织关联的行为准则。在一些文化中，人们的物质生活和精神生活都紧紧围绕着自然空间展开。毛利文化与陆地有紧密联系，他们对植物、动物以及自然界各个元素的相互平衡都有丰富的知识。商业主义使许多人与自然产生距离，也弱化了他们的行为对自然的影响。因为成人认为儿童过于幼小，很多儿童从小就被保护起来，远离悲伤的经历。而在我们的经验中，自然提供的是探索生命更替奥秘的最为天然的种种体验。

自然既严酷顽固，又祥和美好。无论死亡、衰败还是诞生、存活的奇迹，这些探索体验在成人看来都是生命中无法用物质衡量的重要话题。

自然的周期更替是我们经常集体讨论的一个方面。我们观察儿童待在森林里的每一天中如何利用森林资源。一个观察重点是儿童的小创造，如他们制作了一架木琴，并考虑不断维修使之能保存尽量长的时间。随后我们意识到，即便有些东西在它逐渐失去原本的条件或用途后仍能发挥其他作用，我们仍会不断修复它，实际是为了在森林里能够有些东西成为自己的念想。如果琴弦腐烂了，我们便可谈论此事；如果真菌开始在上面生长，我们则讨论真菌的来历；如果整个系统崩溃，这便成为我们重新开始尝试用另一种方式设计空间的绝好机会。

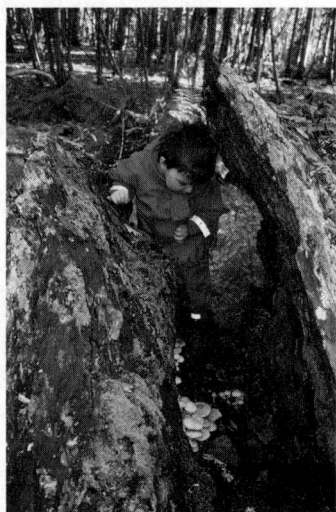

我们力图关注的另一方面是儿童游戏中是否存在能引发集体兴趣的信号。丛林中有许多通向洞穴的小径，既有现存的，也有已经被遗弃的。我们密切监控这些洞穴以防顶部坍塌，但总的来说它们是自然留下并随着时间的流逝而逐渐改变的。奇妙的瞬间总会发生于此，如当小鸟飞进庇护所，或小鹿在儿童围起来的空间里刨床。是什么推动游戏持续进行呢？空间对于更深层次的接触来说是否过大，抑或是我们在较小的户外区域观察到的重复洞穴游戏仅仅是因为地方太小？在普通的幼儿园，我们观察到至少两个角色扮演游戏区域都对儿童的互动和叙事有更深层次的影响。如果儿童有更多的室内或花园游戏空间，这种区域在树林中是否会增至五个，甚至六个呢？

观察菌类和真菌的"回归土地"之旅，我们生动地了解到腐朽和衰变的现象。这些洞穴被自然收回，每年儿童可以观察到这些洞穴中的东西被慢慢腐蚀掉，这种变化是天然的，最终一切被分解的元素都将回归于太阳、雨、雪和风。儿童着迷于自然中发生的变化。真菌来了又走，速度之快简直如延时摄影一般。

案例研究：菌类知识

我们的自然幼儿园的孩子们在林地里发现了多种多样的真菌，并对它们之间的差异展开讨论："这些被一只老鼠咬了，它很长并且有大大的头部。""这些是斑点菇。""我的花园里有蘑菇，但不能吃。""一些是花形的，一些是蜗牛形的。"一个四岁孩子观察到："我认为这两个蘑菇是相同的品种，但它们的颜色不一样。"他取来一张菌类鉴定表，判断出这是一种叫黄鹿角的蘑菇。另一个带许多小洞的蘑菇被发现了，孩子们说："哦，一定有一只小鸟或野鸡吃掉了它。"

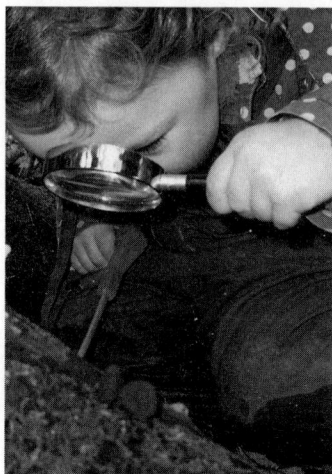

一个三岁女孩一言不发，正拿着小放大镜近距离观察她发现的一些黑色蘑菇。她用菌类鉴定表对比，用手依次指着一幅幅图片，若有所思地摇头、点头，判断出这是地舌菌。

孩子们回到自然幼儿园后依然继续围绕他们的发现讨论不停。一个四岁男孩说："我以前都不知道世界上有这么多蘑菇！"

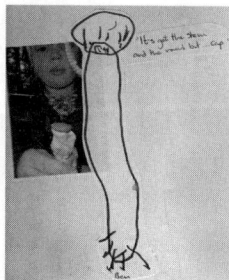

一个女孩将红色与黑色

的蘑菇画在纸上，指着菌类鉴定表逐个辨认，判断出她画的黑色蘑菇是鸡腿菇，红色蘑菇是鹿角菇。她观察这些描绘

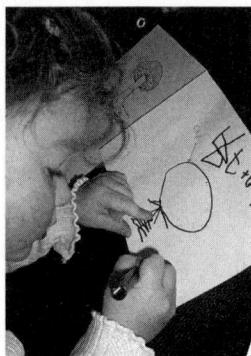

菌类不同部分特征的图画，自己又画了一个蘑菇并标出了菌盖和菌柄。

一个小男孩说："蜗牛、花仙子、甲虫、蚯蚓……，它们都以蘑菇为食。"

在接下来的几天中，孩子们在成人的支持下拓展了游戏与学习的体验，他们用陶土捏出各种菌类的形状，在小树林中创造出一片蘑菇花园。

自然幼儿园的孩子们深深地着迷于菌类，他们十分渴望去寻找发现更多菌类，并对菌类有了非常丰富的知识。这种模式每年都随着孩子们相互学习的过程而重复出现："有

一些蘑菇可以食用，有一些不可以。一些会蜇人，就像叶子一样小。""只有商店里的蘑菇可以吃！""别碰它们！""它们有毒，就像怪兽格佛洛的鼻子一样！"

有毒菌类的危险一直是所有教育工作者所担忧的，他们中的绝大多数人并不觉得自己具备从野外安全采集并食用蘑菇的能力和知识。在英国，儿童接触有毒菌类而生病的可能性很小，只有摄入一定量后才有致病风险。其中一种解决方法是在蔬菜种植区引入蘑菇原木，种植食用蘑菇。随着这片区域中食用蘑菇的增多，自然幼儿园的孩子们就知道这片区域内的蘑菇都是安全可食用的。

在丹麦，自然幼儿园的孩子们会与一个更大的机构合作，向世界传递对自然主义思想的理解。在实际中，他们的行程是上午十点离开幼儿园去两个活动

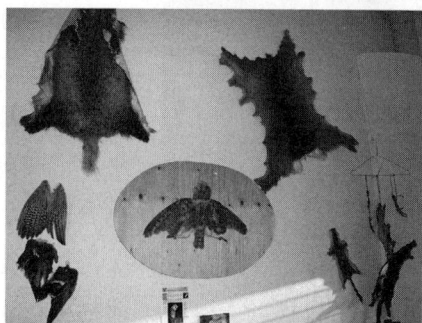

地中的一个，在一个户外场所度过这一天剩余的时光。该中心的特征之一是呈现与接纳了自然中的死亡。房间内陈列了昆虫的标本，有一些是利用传统的干燥方法，将鼹鼠皮铺展并放置在标本框架中。从那些典型的西方视角看想要观看这些展品则需要适应一段时间。死亡这个主题，在英国很多幼儿园虽被提及，却很少以这种方式呈现。动物标本更不会以这样一种开放的方式呈现。

在这里，打猎成为当地人必须掌握的一部分生活经验。当猎人们捕杀一只鸡时，他们会摘取内脏并进行观察，再将洗净的鸡烹煮、食用。

现在，让我们来考虑一些可以相互替代的做法。在英格兰，自然幼儿园的教师认为把死鱼放在盛水的托盘中检验比较合适。而挪威的安德斯·法斯泰德（Anders Farstad）提到了另一种方式：在湖边捕鱼，并在火上烹饪。你认为这两种方式中哪一种更有意义，并且能帮助孩子们更深层次地理解呢？让孩子们了解他们吃的东西很奇怪吗？还是说，我们以加工形式来伪装这些食物？有时候，在我们的自然幼儿园会养鸡或其他动物，而孩子们谈话的内容很快就从孵化转移到"为什么有些鸡没有长尾羽毛""为什么公鸡不会下蛋"等一系列问题上。我们应该怎么做？把这些鸡带走？还是当着几个愿意观察的孩子的面来捕杀这些鸡？我们是否分享了

食物诞生的整个周期并烹饪了它？我们最终决定给孩子们提供素食，因为现在对于他们来说，捕杀和食用鸡并不是一个适合他们年龄、心理发展特点的选择。

有一天，我们在路上发现一只死去的刺猬，它的出现引发了关于它的外观、

死亡的永恒性、腐烂过程和天堂的讨论。孩子们在那一刻的谈论将会帮助他们做好在未来其他场合遇见死亡的准备，也许是家庭成员或宠物的死亡。在幼儿园中有一个墓地，无论是一只苍蝇，或者一只在路上死去的小鸟，我们都会默哀，会置办葬礼，也会为一切活着的生命举行庆典。花园里有大量的小墓地，孩子们想在当天挖出这只小刺猬，还是再过一周，然后几个月后再做一次，这些完全是由这些男孩的兴趣决定的。孩子们的对话都被记录在一本地板书上，这样他们可以随时回顾这些对话，并掌握好时间尺度。直到一年或更久之后，动物的骨头被发现了，我们才进入了最终的学习阶段。有关这项活动中的自然过程在另一章中有详细介绍。如此一来，任何一个痛失所爱的人都能知道这个过程需要很长时间。由于儿童在这一过程中没有表现出明显的不安以及焦虑情绪，成人可以倾向认为孩子们形成了对于死亡的理解，并且能调节情绪去接受死亡。只有在一年或更久后，通过孩子们的对话和提问，成人才意识到他们思想的深度，并且了解到外在的会话是必要的，但也许只适合于某些时候。

自然幼儿园的天然林地，让我们有机会发现动植物的死亡和腐烂的痕迹。无论是一只小鹿的骨头、一只死去的蝙蝠，还是一只狐狸吃剩的动物遗体，都是自然的一部分。这些对于孩子们来说并不可怕，反而让他们好奇与着迷。这仅仅是偌大自然中的一部分，宛如一只美丽却又脆弱的蝴蝶。

一只小羊羔的可爱令人如此怜爱，但随着它长成成年绵羊，我们又对它的体型和力量有所认识，自然的循环就是如此。在和本地农户合作的过程中，我们有机会与社区建立联系，这样一来孩子们就有机会体验自然真实的一面。在冰岛，儿童的一种传统玩具就是用漂白过的一包羊骨制成的。在我探访的幼儿园中，有一盘动物骨头摆放在建筑区

内供孩子们创造性地使用。在澳大利亚墨尔本的一个福禄贝尔启蒙中心内，建筑区摆放着巨大的头骨和下腭骨。有了这些惊人的腭骨和多种多样的头骨，人们可以轻易地想象出活体模型。这种骨头的使用方法是否适当呢？它是否加深并拓宽了孩子们学习的可能性？如果答案是肯定的，那么也许成人应该思考一下如何调整这些原本被不经意拆开的骨头，并借此了解如何使用这些天然材料。羽毛是我们在早年环境中很容易使用的一种材料，然而购入羽毛的方式却与它的起源毫不相关。因此，当我们使用这些羽毛时，也不会去考虑鸟儿的死亡。甚至有时，我们还用俗艳的染料将其染色，夺取它们天然的美。

案例研究：野鸡之死

一个早晨，孩子们到达幼儿园时，发现门外有一只死去的野鸡。他们急切地想要仔细观察这只野鸡，紧接着，这些二到四岁的孩子们开始讨论、猜测野鸡的死因。

"它是被杀死的，也许是晃动的大树把它杀掉了。"

"是猎人杀死它的。它被枪打中了，掉在了石头上，然后就死了。"

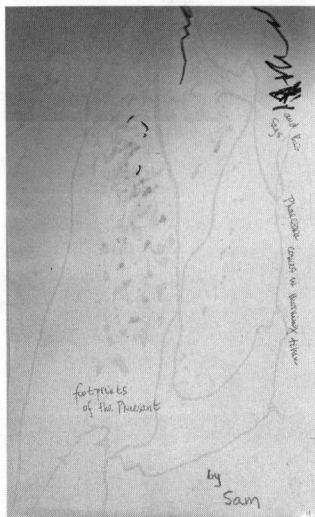

"我觉得它是因为圣诞老人才死的，因为他从车上摔下来了。而且它从那群麋鹿中间掉落了下来，摔在了石子路上。"

"可能有车从它上面开过去了？车可以把它压扁。"

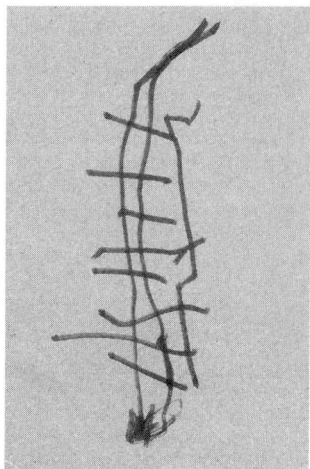

"为什么它闭着眼睛？"

"因为它撞在墙上了呀！"

"也许它撞上摩托车了。"

"也许它是被踩扁的。"

一个四岁的男孩接着说："我觉得很有可能它是撞上了电线，然后触电死了！"

孩子们对这只死去的野鸡展现出极大的兴趣，并继续近距离地观察它，查看它紧闭的眼睛、皮毛和脚爪。一些孩子对野鸡的身体内部构造很好奇，于是教师和家长

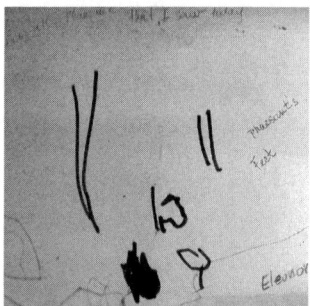

们协助他们一起解剖了这只野鸡，让他们继续进一步研究。孩子们仔细地研究了这只野鸡身体内部的器官。一个四岁男孩着迷于它的气管，随后，他画画的时候解释道："我在画野鸡身体里的东西，它就像一只长着条纹的蠕虫。"（见本页左上阶梯状图画）

孩子们在树林里挑选了一片合适的地方来埋葬这只野鸡，在挖了一个洞后，他们满怀敬意地将野鸡安葬。一些孩子还会时不时地回到他们安葬野鸡的地方，问何时能把野鸡挖出来看看它的骨架。

在世界上的许多地方，儿童失去了与自然息息相连的体验，他们甚至难以认

识到人类也是自然的一部分。这种分离导致了生物恐惧症和风险规避心态。随着越来越多的儿童在成长过程中失去了与自然的真正联系，光是这些方面的问题就会对整个人类造成影响。如果我们想保护地球，那么第一步应当先去了解它，而如果失去了与它的联系，那就不可能做到这一点了。同时，这些深层次的理解框架也是长期记忆的关键，因为孩子们具有了将知识经验置于语境中的能力。甚至，当孩子们遇到新情况时，他们也能够在潜意识层面绘出一幅内心情感地图。

我们自然幼儿园的孩子们都与自然紧密相连，体验着自然中的生死循环。世界各地对死亡的看法和感知都有所不同。我们认为每个幼儿园都对这些话题很敏感，并且能将人类视为个体对待。通过我们过去的经验，所有的孩子都需要在失去亲人的过程中得到支持，以便在他们的家庭和更广泛的社区中找到自我调适的方法。

要点

● 儿童和自然是紧密相连的，我们需要让儿童在自然中通过真实而有意义的体验去学习。

● 在自然空间工作的成人应该随时准备好以开放的角度谈论儿童可能在自然中接触的各个方面。

● 自然的节奏似乎激发了成人需要注意的儿童的游戏行为和模式。

第十五章

探险

自然中既无奖赏也无惩罚，只有结果。

——罗伯特·格林·英格索尔（Robert Green Ingersoll）

我们应该思考：冒险是否应当成为童年的一部分。

直面挑战是学习的一种方式，这感觉就像肚子里有疙瘩，就像从舒适区走出来一样。作为成人，无论是情感上、智力上还是身体上，我们大多数人都不喜欢"被挑战"。在情感上，我们与已知的社会群体为邻，如果我们把自己放在一个典型的日托幼儿园环境中，并被要求定期与如此多的新朋友见面，我们可能自己都应付不来。在智力上，我们十几岁或二十几岁的时候，通过一个门槛，走出学术环境，进入一个应用技能和知识更为普遍的地方。我们通过冒险学习了很多能力，包括自信、情绪恢复能力和自我风险评估能力，这些都是在成人世界中很重要的能力。不论是当前的需要，还是自己的可持续发展，都需要从业者挑战自我来反思。这种不断的回顾和评估意味着，对于我们照顾的儿童来说，他们的学习速度和复杂性就像每天学习一部新的莎士比亚戏剧一样。因此，我们需要反思我们对这些儿童的期望以及我们如何能够最好地支持他们，帮助他们成为有能力的学习者，而不是仅仅让他们相信这对他们来说是最好的。

在某些情况下，自然倾向于激起人们内心的恐惧。然而，有一种可怕的文化开始遍布世界各地，甚至在人类与动植物共存了数千年的地方也是如此。一些实际的限制因素和曲解以及强加在儿童游戏上的边界限制加重了这种恐惧。在脱离自然的过程中，我们试图控制自然，甚至创造有计划的体验。但如果儿童是这个过程中真正的利益相关者，那么他们对自己认为的需要和想做的事情的声音在哪里？

在自然幼儿园中，成人的作用是消除儿童看不到的危险，而不是游戏中的危险。不论是从树冠上取下的枯木，还是在跳跃区看不到的木棍尖刺，甚至毒蛇都被我们清除，但我们的作用不是替儿童承担和排除他们看得见的挑战。儿童可以

选择爬树，并决定爬多高。如果我们排除了所有的挑战，儿童就会失去探索新事物的感觉，探索与挑战对于推动他们向前发展是非常重要的。儿童可以把提高危险自我评估能力作为学习的一部分。我们的理念是要有风险意识，而不是规避风险，并在评估基于游戏的环境时，善于运用一种洞察力。我们幼儿园的儿童都知道一种叫作刺荨麻的本地植物，知道它们的危险，知道它们可以用来做什么以及被刺伤的急救方法。下面我们来看一下三个四岁儿童之间的对话：

"这是荨麻，你知道荨麻有什么危险吗？"

"你知道吗？它们会刺你的。"

"你可以用荨麻做汤，当你采摘它们时，需要戴手套。"

"用月季叶擦一下就好了。"

风险在学习中扮演着重要角色，正如研究表明的那样，风险有可能给儿童带来积极效应。儿童在自身发展中成为强有力的利益相关者，自信心增强，能力也会提高。他们变得更加独立，并对自己的行为负责。他们发展了应对机制、解决问题的能力和可转换的技能，这也增强了他们的自尊心和自信心。此外，儿童开始重视危险、危害及实验。我们可以通过观察林地环境来增加这些潜在的好处——这种自然环境的特点非常不稳定，不管儿童年龄大小，每位参与者都需要提高警觉性。（Nichols，2000）

给儿童提供一个充满风险的环境，引导儿童多经历多体验，让他们自己去承担各种风险，这样最终会让他们学会如何承担风险，保障安全。如果在游戏过程中对风险进行建设性的管理，"儿童想要进一步探索"的积极性就会被激发出来（O'Brien & Murray，2006）。真正的安全在于学会如何应对风险，而不是选择逃避。

这里要强调的一个关键点是，安全是所有教师和儿童的责任。没有一个人能够有效地完成一切工作。保障自己的安全，或者在一个你觉得安全的地方是这个过程中不可或缺的一部分。我们鼓励儿童成为自己的风险评估员，如果我们提供机会让他们从自己的错误中学习，他们就会很擅长这样做。一些界限是经过与儿童协商决定的，而不是作为一套规则提出的，这本身就是良好风险评估的一部分。

第二个关键点是，如果成人不去了解他人所做的风险评估，不听取他人的建议，那他们自己实际上就会成为最大的单一风险，这样一来风险评估就变得毫无价值。

在我们的自然幼儿园中，我们让儿童做支架，鼓励他们和成人一起进行"冒险游戏"，让儿童在自我风险评估和掌握技能的过程中获得自信和更强的操作能力。在讨论爬树可能带来的风险时，一个男孩说："只要爬得高，你就不会害怕。"另一个孩子建议说："如果你能爬上一棵树，你就得能爬下来。只有在你感到安全的时候才能往上爬。"

教师们相信儿童的决定，相信他们有权利选择挑战和检验他们的发展技能。如果想让风险评估有效果，那就必须面向所有参与者。

我们自然幼儿园的儿童可以接触到各种各样真实的工具，甚至两岁的儿童也能使用工具，如小型钢锯、锤子等。他们可以从悬挂在树木之间的工具包中选择他们想要使用的工具，他们还会互相帮着用打火石生火。用打火石生火比用明火要安全得多，因为儿童使用打火石生火所需的手部灵活性随着时间的推移在发展，而且这个过程也有助于儿童理解点火的含义。在这个过程中教师参与制定规则和程序，以便让所有工作人员都知道如何安全使用工具和生火。

对于儿童在自然环境中需要和想要进行的所有活动，成人都不应该对可能导致的风险擅作定论，同时也不应该对可能给儿童带来的好处做出判断。我们做了一个风险评估，在这个评估中，我们对一个情境的风险及其相关利益进行评估。"只追求错误目标的风险管理将会忽略重大的机会成本。"（Adams & Thompson，2002）

儿童天生倾向于寻求挑战，在丹麦，他们把这种"肚子里有疙瘩"的感觉称为"is i maven"，大致意思是"胃里的冰"。这是一种积极的情绪，是儿童和成人都在寻求的情感。如果兴奋的感觉变成一种恐惧，那么这种实践必须立刻停止，对于这种转化临界点的把握和控制每个人都有不同的观点。

我们认为，风险评估不仅是技术问题，更是需要基于价值的实践，它依赖于从业者对儿童的能力、韧性和判断能力的了解。他们还需要了解每种实践的好处，哪怕是微不足道的小事，通常只有通过经验儿童才能掌握一些东西。

案例研究：攀登架

我们自然幼儿园的孩子们发现了一棵倒下的大树，他们迫切地想探索它。当一个孩子被风中的树枝刮到后，其他孩子决定要减少这棵树对人的伤害。他们聚在一起讨论这些危险，然后提出让树变得更安全的方法。孩子们组建了小组一起工作，选择了各种工具。一些孩子说："树皮会落到你眼睛里的。"

"当树皮脱落时，你可能也会跟着掉下来。我需要一把锤子把松动的树皮碎片敲碎。"

"我把这些树皮碎片都取下来，这样其他同伴就不会被刺到了。"

"这样抓着安全吗？它有点摇晃。"

"这根树枝非常锋利，请把木槌递给我，我要把它砍下来。"

孩子们把大多数的树枝切割成一米长。然后由课后班的孩子们负责测量，他们很高兴能作为高质量、高标准的团队中的一员。

视觉标识对儿童群体非常有用。这些小组的儿童同意用一种方法进行标记，无论是挂在脆弱树枝上的红线，还是在小路危险地带上的红线，儿童总能一眼认出信息识别标志。成人可能会强化这一信息，

但通常情况下，儿童会比成人更坚定地执行和遵守界限。会议、想法和随后的决定由儿童在他们的地板书中记录下来。年龄大一些的儿童指出了年幼儿童没有注意到的一个危险——一根枯树枝悬挂在上方的另一棵树上。经过讨论，他

们决定请一名成人爬上树把绳子拴在树枝上，然后，儿童一起合作把危险的树枝拉下来，扔到别的地方去。儿童坚持这项任务近一个星期，并最终宣布他们创造了有史以来最好的攀登架！

英国皇家事故防预协会（Royal Society for the Prevention of Accidents）的彼得·赫塞尔廷（Peter Heseltine）谈到为儿童建造户外活动场的想法时说："虽然我们建议把任何危险的东西都移除，但儿童仍然在受到伤害。我们忘记了建造户外活动场的原因和初衷，那是儿童玩耍的地方。我们撤走了设备，做了过多的检查。一切设施上都有保护措施。我们把户外活动场弄得非常无聊，以至于任何有自尊的儿童都会去别的地方玩，去那些更有趣、更可以冒险的地方。这说的一点儿也没错。"

我们需要决定如何最好地履行我们的职责，使儿童能够塑造他们自己的未来。风险评估是必须的，这些评估给予我们信心，使我们能够证明自己已经考虑到了各种危险。我们真正需要考虑的一点是"没有危险才是真正的危险"。（Bundy，2009）

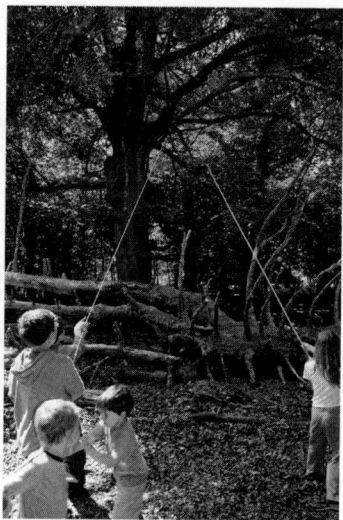

要点

- 没有风险的游戏是没有吸引力和活力的。
- 安全指的是强调安全意识和加强安全教育，而不是消除危险。
- 利益－风险评估是包括儿童在内的所有参与者的共同责任。

第十六章

感受黑暗

光线和时机造就非凡瞬间。

—— 亚伦·罗斯（Aaron Rose）

人类真正脱离黑暗的方式令人着迷。在英国，很少有地方能让人真正体验到黑暗。住在市中心的人们几乎看不到星星，现如今能够看到星星洒满地平线已非常罕见。身处宇宙这个更大的体系中，你不知自己究竟是谁，这种感受可能大部分人都讨论过。然而儿童与更大的体系有着天然的联系。他们常常对生活中更宏观的问题有着极其简单的看法。这或许可以由以下观点来解释：儿童发现自己认识事物的范围在不断扩大，因此，对于他们来说接受超越已知范围的事物是再普通不过的事。

我们被人造光源包围着，这导致儿童无法感知真正的黑暗，因此，他们在黑暗中，在没有手电筒的情况下摸索方向的能力及视觉的调节能力都无法得到发展。这是否意味着现在的儿童的眼睛对于黑暗的敏感度远不及五十年前的儿童呢？对黑暗的莫名恐惧是由一种重要感觉——视觉的退化造成的。当我们身处黑暗中，我们可以分辨阴影灰黑度的细节，这使得同样的空间给我们带来不同的感受。月夜真的很神奇，在没有传统色调的情况下我们如此清晰地看到周围，这打开了观察自然的全新视角。黑暗对于成人尚有这样的影响，试想当儿童经历了这种体验后会产生怎样的影响呢？

在我们的自然幼儿园中，儿童常常在户外享受黄昏时光。盛夏时节，在苏格兰的某些地方，有几个夜晚几乎不会漆黑一片。相反，在深冬时节，这里一天之中几乎有十八个小时被黑夜笼罩。白昼最短的日子里，下午三点就开始夜幕低垂。一个自然的、逐渐降临的夜幕所带来的威胁远不如从明亮直接变成绝对黑暗来得大。我们鼓励儿童不要一直使用手电筒，因为他们会在看似完全黑暗的空间创造出明亮的光线。当我们身处丛林之中且手电筒的电量快要耗尽时，我们对于电的依赖会变得格外真实和明显。我们工作中的环保可持续的发展模式与我们所做的一切紧密相连。因此我们在工作中尽可能使用自然光、灯笼和家庭自制的蜂蜡蜡烛。

有时，手电筒已经成为捉迷藏游戏的一部分。在花园里，反光标签和其他反光材料被隐藏起来，并且只有用探照灯才能找到。在较黑的夜晚，当没有月亮时，儿童穿着反光安全外套，这样当手电筒光照到他们的时候，就能清楚地看见他们了。

一个四岁男孩，当他的手电筒照到一个水坑时说："水中有一个倒影，它在里面闪闪发光。"

另一个男孩说："嘿，快看！把一片树叶放在手电筒上，光就变成了浅绿色！"

孩子们开始火的体验始于蜡烛。蜡烛是很棒的材料，它为儿童参与探索活动提供了很多途径。制作蜡烛的材料，蜡烛的形状、大小、气味，以及创意项目中蜡的用途，蜡烛可以提供的能源和热量，这些方面都被自然幼儿园充分利用。自然幼儿园的室内环境非常自然，甚至有家的感觉。

人们一走进这里就感到自己备受欢迎且有归属感。要做到这点，就要关注这个空间所提供的各种细节。这些经验之间的联系是经过深思熟虑的，看似"简单"，实际上富含成人的深思熟虑。

下图中，儿童吃饭的餐桌上摆放着蜡烛，生日会变成了光的庆典。玫瑰、薰衣草或者蜂蜡的微妙气味都增添了室内空间的氛围。铜烛台为光线带来了反射的魅力，而烛台是如何通过反射表面"使光源范围变大"的问题，多年来都是许多调查研究的争议点。有的金属雕塑烛台利用蜡烛发热产生运动，在每年的重要时刻都用于展示运动和发出声音。蜂蜡

和可塑形蜡被用于创意性区域中。成人和儿童利用熔化的蜡制作横幅，当灯光照到它们时，蜡烛呈现出美妙的半透明效果。

季节性变化意味着，从十一月至次年二月，苏格兰的白昼变短。世界上一些国家会有几个月的时间处于半黑暗之中，他们届时会举办灯光节。无论通过阿拉斯加的冰层，还是苏格兰的火，在一年中最黑暗的几个月里，人类和对光的需求密切联系着。在冬季，蜡烛罐和柳树灯在户外都被用作指引道路的"灯塔树"。儿童把花园里的沙地变成了一个光的雕塑，并将一个个蜡烛放进雪中的小洞穴里。这样的"自然之旅"促成了儿童共同发展、实验和参与的可行性路线（Warden，2015）。

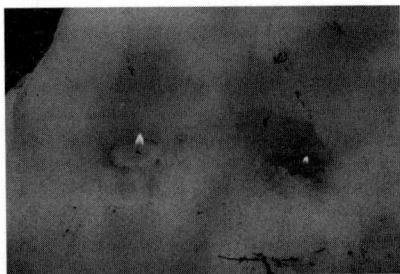

火在黑暗的环境中创造了奇妙迷人的光。火焰和颜色看起来很强烈。很多时候，我与一群儿童在花园的火堆旁安静地坐在一起，分享一些思考的时光，儿童需要准备讨论与他们相关的主题。通常情况下，讨论常常与成人议程相关，并由他们来决定问题和主题。如果我们确实想要提升行为标准，那么我们需要提出一些值得探讨的经验。这种围坐在一起的方式常常可以营造出聊天的氛围，这是室内活动无法企及的。

世界不会在天黑时或儿童入睡时停止，这往往是许多儿童恐惧的根源。这些想法常常被成人视为事实。如人们会在你睡觉时工作，在世界的某些地方永远是白昼并且太阳总是高高升起。当儿童被问及黑夜，他们的想法显示出他们的认知往往都和从电视中获取的间接经验紧密联系。后者在影响儿童的过程中显得如此强势，以至于如果我们不把儿童带入黑夜，他们会继续保持

隐形摄像机   05-07-2008 10:53:30

这种偏颇的观点。为了探索昼夜平分的概念，一位家长架起了一台红外线网络摄像机来回答儿童关于"在我们回家之后谁来过我们的森林？"的问题。这也提供了许多小鹿夜间造访森林的精彩图像。

案例研究：森林之夜

孩子们发现一夜之间森林里被挖出了一条小隧道，于是问道："是谁挖的这个洞呢？会是一只小老鼠吗？""我知道老鼠会打洞，因为它们在我干草堆的谷仓里打了一个洞呢。"

孩子们一致赞成第二天再来看看这个地方是否会有什么变化。

第二天，孩子们发现隧道变大了。这引发了一场讨论，孩子们不在森林里的时候，究竟是谁出来打的洞？"一只老鼠，可能是一只硕鼠，或者是一只田鼠。""我认为是一只兔子，因为兔子会像这样，在树根下挖隧道。"这让孩子们对于那些会挖掘隧道的动物有了很好的了解与认识。

在接下来的几天里，孩子们继续研究洞穴，并讨论他们发现的变化，其中的一些回答有：兔子、小鹿、狐狸和獾。

他们知道动物们会在夜间在森林里出没，他们发现了动物们活动的证据，并通过事先放置的隐形摄像机看到了小鹿。摄像机被再次架起，当孩子们分析图像时，他们辨认出一只兔子正沿着地洞前的小道跑向洞穴。

但一名教师确信那是一个獾的洞穴，并给出了有关照片作为证据。而一个四岁女孩则给出了另一个解释："也许这只兔子是在拜访獾的洞穴呢！"

在这次调查之后，孩子们直到几周后才再次探访这个洞穴，当他们发现没有证据表明有任何新的打洞迹象时，他们确定兔子已经搬走并找到了一个更好

的洞穴。

　　儿童不是生来就害怕黑夜，这种恐惧是与日俱增的。如果他们与同伴一道并且有支持他们的成人在一起，他们就能重新调整观念。如果家长和教师们都能参与这个过程，那么他们也会看到黑夜的美丽。星辰、月亮和月光远比白天明亮的色彩更加微妙，令人心驰神往。人类不可能支配和控制自然，认识到这一点，对我们更有好处。光照消失，黑暗来临，这是我们需要顺应和接受的。

隐形摄像机　　09-19-2009 06:56:57

要点

　　● 人类正在逐渐丧失对黑暗的关注。强光照射区域的增加正扩大着光污染的范围。

　　● 烛光和火光有着迷人的效果，它们与人类有着强烈的情感联系。

　　● 儿童应该通过接触他们所处的气候与季节来了解它们的节奏规律。许多儿童由于常常待在室内而不会意识到自然界的变化。

第十七章

自然而然的创造力

创造是一种力量，是连接起那些看似没有联系的事物的力量。

——威廉·普罗马（William Plomer）

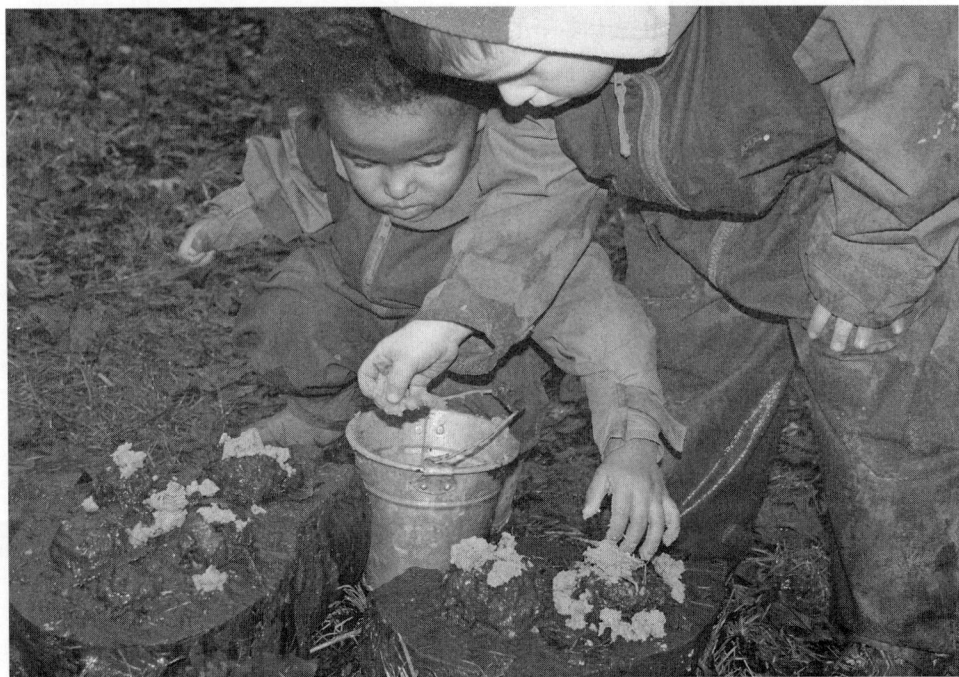

什么是创造力？它可能只是一张桌子和一些艺术材料，或者是户外突发奇想的艺术创作。或者，它实际上是一种思维方式，用来寻求和创造思维连接的模式。在我看来，是后者。通常，创意区被认为是创意发生的地方。

从内到外开放创意的游戏空间对我们的工作至关重要。如果一名儿童满怀信心地去思考、探究、建立联系、质疑、提问，那么他就有了真正从生活中学习的基础。

我们的整套方法引导我们去思考创造力。我们通过观察儿童发现了一个明显的趋势，那就是他们会更倾向于富有创造性的方式，更多地使用具有启发性和开放性的材料。自然环境和气候提供的材料有泥土、木材、石头、水、风、天空、光、植物、羊毛、亚麻、浆果等。自然存在于每个气候带中，尽管呈现方式可能大有不同。干涸沙漠的风成地貌具有绝妙的形态。不断变幻的流沙，无论是在地面沙沙作响，还是悄悄潜入地下的泥土层，都能激发出无穷的创造力。

儿童早期与自然的接触与他们想象力的发展有着积极的联系。在这方面，伊迪丝·柯布（Edith Cobb，1977）的研究也许最值得关注。她的大部分著作都是基于对人类个性中的创造性元素的探索，同时包含了一些对极富创造力的成人的各种自传的分析。在这些回忆中，许多人都反映出"对地球和宇宙的一些联系的早期认识"。基于她二十多年的研究，柯布得出结论，童年是人生中的一个特殊阶段，正是在这段时间，产生了最为活跃的创造性学习。

儿童充分沉浸在自己想象空间中的能力，给他们的思想插上了自由的翅膀，并产生了源源不断的灵感。这些联系贯穿于由成人定义的创意领域之间，使得学习成为一个整体。一般来说，自然幼儿园，尤其是与野生森林的模式连接和扩展到一起时，形成了高度复杂的栖息地，它给儿童提供了多方面的体验和感受，以及有着不同颜色、色调、质地、形状和图案的多样地貌。没有其他地方能像自然那样对人类产生如此深远的影响，而我们中的许多人对此影响只是一叶障目，不见泰山。

花园提供了创造过程中所需的源源不断的材料。柳树床、山茱萸和扭曲的柳树都提供了用于制作雕刻作品、棚子和移动雕塑所需的长茎。这些植物为我们提供了织物和羊毛的染料来源，也给我们提供了用于编织、揉搓和造型的材料。大地为我们提供了泥土，使我们可以制造一种精细的可塑黏土或为我们的研磨提供泥料。动物给予我们羊毛和蜂蜡。天空时而光芒万丈，时而乌云密布，但总有千奇百怪的云供我们观赏。水为我们提供了永恒流动的液体，并且随着季节的更替，水的形态也各有不同。每一种材料都需要时间来真正发掘潜力，探索本质，然后才能根据既定的目的加以使用。

正是基于这一点，我们在地板书中使用的查询策略在工作中起着重要作用。这些可能完全集中于对泥浆、冰、植物等的研究及创意需要。站得远一些，才能看到更大的画面，或者是对已经掌握的材料发掘出更深的见解，创造力也就从此产生。具体来讲，在一些早期的由活动主导的项目中，无论是否在森林学校，有时都会阻碍探寻奥秘的过程。在本章结尾的案例研究中就有对土壤的一系列利用及其过程，用土壤和水做黏土或泥浆，然后放干、硬化，以及如何让土壤再次吸水。这个研究进一步延伸为一个探究滑坡和泥石流，并将其引入河流的支流和湖泊的课题。团队的兴趣还在于材料的延展可塑性。这种方法需要成人观念上的转变，成人在场的时候，一定要耐心，不要因为自己已经做过数次这种活动而去催促儿童。

成人需要了解材料方面的知识，以便更好地利用材料。费舍尔（Fisher，2005）在支持这一说法时指出："当儿童获得生成能力时，他们会更有效地学习。"所以，成人的技能和知识应该是更好地帮助儿童，创造出最好的结果，而不仅仅是传授经验。

好奇不是抽象的概念，也不是崇高的理想。相反，"它是一种根植于儿童的不断发展的感知能力和认识方式。这种认识方式，如果受到认可和尊重，就会成为终身快乐与充实的源泉以及进一步学习的动力"。（Carson，1956）伊迪丝·柯布从她的研究中得出结论："儿童时期的经验从来都不是正式或抽象的。即使对自然，儿童也不单单是一种感受，甚至都不能说是景观。儿童对于自然的感觉是纯粹的感官体验。"

约瑟夫·克林顿·皮尔斯（Joseph Clinton Pearce，1977）在讨论儿童的主要感知时，用"富有魔力的思维"这个词来描述儿童了解世界的方式。皮尔斯指出，这些感知"不断发展并有消失的趋势"。皮尔斯将这些感知描述为"与地球的紧密相连"，并指出与地球上的物质（如岩石、树木或风）互动，对儿童的大脑和智力发育至关重要。

在苏格兰，用黏土建造房屋是一种传统。可以按照正常尺寸、实际大小和童话风格在任何地方搭建凯尔特风格的圆形住宅（使用石料、黏土垒成圆形结构，配以木屋顶）或圆形小屋（使用黏土材料，并加以硬化加固和磨光处理）。在去新西兰的旅途中，我们制作出质量上乘的黏土，在山间建造了一个童话般的村庄。制造黏土的要点在于水分的控制，每个成人组都做出了不同的混合物，他们都在考虑如何混合才能让水和泥土完美结合。我们用大的种子荚当作碗来搅拌泥土，每一组都在思考如何能做出最好的黏土。因为黄昏时每个童话屋里都会点亮一盏蜡烛，所以我们的任务还包括探索危险、建立安全意识以及提升创造力。创建童话屋的过程清楚地表明，世界各地的住宅和房屋的形状都惊人相似的原因多在于建筑材料的特性和可塑性的有限。

接下来的案例研究清楚地表明，当儿童长时间在户外活动时，他们的学习范围会超越地理区域的限制，他们具有共同的探索和创造力的表达倾向，他们会与地球产生核心联系。

案例研究：泥土、沙和水

在我们自然幼儿园的孩子们会经常探索和使用泥土，并将其作为一种创作材料。我们发现，世界各地不同年龄段的儿童都会选择使用这种多用途的具有开放性的材料。孩子们把白色的沙子压在柳枝上，将它压成编织物："这是我们的蜂巢，蜜蜂穿过那个洞，它们会生产蜂蜜。"

一个小女孩用手指加了几滴泥，描述了白沙和黑泥之间的不同："这是仙女们的房子，它们会穿过这个洞然后飞进去。"

孩子们用树叶装饰整个立体建构作品，很快泥就取代了沙子。黏稠的泥浆混合在一起挡住了中间的孔，孩

子们反复看着并注意到泥浆渗入裂缝。

一个两岁男孩收集了泥土，把它做成一个个小泥球放在一块木板上，当他把白色的沙子撒在泥球上时，他说："这个是蛋糕，这是糖，糖霜，妈妈用糖霜给我装点蛋糕。"随后他放上不同颜色的树叶，并把一杯水倒在这个作品上，水冲走剩下的白沙，他说："我在做瀑布。"

一个四岁男孩找到他认为最长的草，仔细地把它们放在缝隙周围："我在做一个窗户，做一个方形的窗户给精灵们。"另一个四岁男孩在缝隙里加了一根绳子："这是一个精灵的房子和一个蜂窝。蜜蜂飞到屋顶，仙女们在屋里。像我这样拉绳子的时候，蜜蜂就会抓紧绳子坐在上面，这样它们就不用飞了。"

有一个特例，一个四岁男孩以木片为骨架，用手将泥土塑造成"一个泥巴怪物，一个可怕的泥巴怪物"。他环顾四周，用各种各样的自然材料为他的怪物添加细节。随后，他的小伙伴也参与进来，并提出了一些自己的想法："一个鼻子，一个又尖又长的鼻子。""这可能是手臂，但它没有手，并且只有一个手臂。"对这些建议，男孩有的接受，有的拒绝，他捏着泥，并将泥塑做了另一个造型。男孩加了一个球："这是眼睛，但只有一只，这是一只独眼泥怪！"

在南非，一群男孩在大坝周围收集泥浆，并将其塑造成各种形状。一个五岁男孩在自己的手掌中捏了一个小球，然后用拇指在球上按了下去，形成一个小碗："现在我把它放在太阳下，它会变干，变得非常非常坚硬，最后变成一块石头！"

另一组年龄在6—7岁的男孩们更靠近水源，他们找到了不同黏稠度的泥浆，并将其涂抹在泥球周围。他们谈论着做泥球需要什么质感和黏稠度的泥浆。男孩们花了很长时间为他们的泥球制作遮盖物，然后将它们放在太阳下晒干。

当然，当他们检验泥球时，球周围的泥都有开裂并像塑料一样剥落的现象，而制作的小碗倒是很坚硬，可以容纳少量的水。

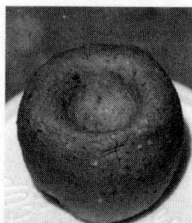

创造力是一种思维方式，一种发现问题的方法，其中充满质疑和抉择以及不断产生的灵感，也许从中能得出一点结论，但真正的价值在于孩子们参与了这个过程，而不是非要得出什么结论。

要点

- 创造力是一种跨学科的学习方法。
- 儿童早期与自然的接触有利于想象力和创造力的发展。
- 无论室内还是室外，适当的自然空间能支持儿童在不被打扰的情况下自由深入的思考。

第十八章

完全的"自然环境"

带走照片，留下脚印，任时间在这个过程中慢慢消逝。

——佚名

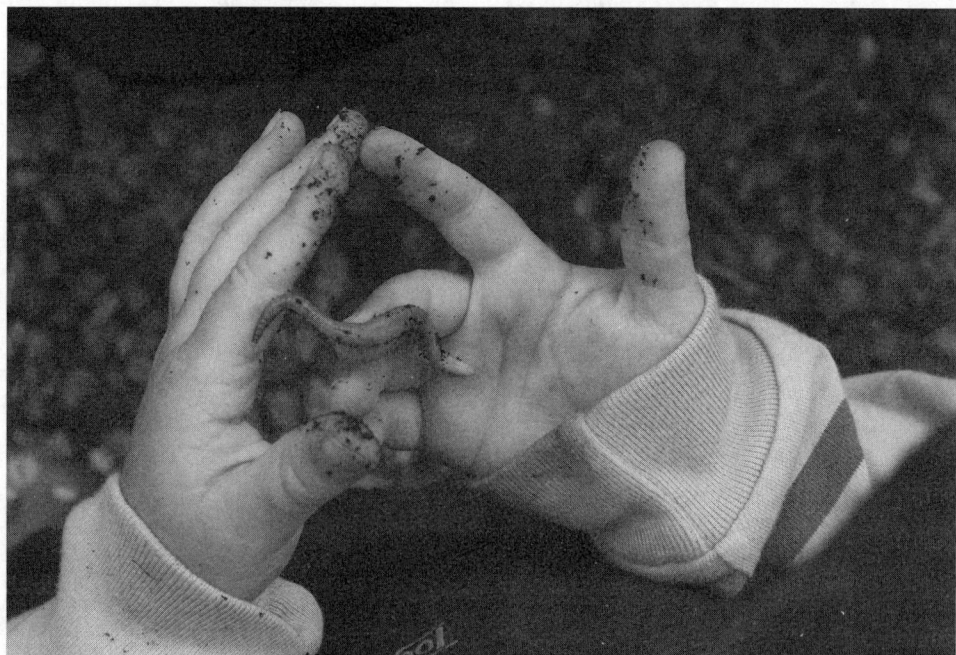

环境资源的压力越来越大。值得庆幸的是，大多数人逐渐意识到，我们需要开始以一种新的方式与自然联系起来，如减少破坏"足迹"、减少碳排放等，以及许多与儿童合作的环保方法——如生态学校计划、新西兰自然环境学校、冰岛绿色学校。所有这些学校以及全球更多未列入其中的项目，都在试图提高人们对全球环保问题的认识以及社会如何能发挥最大作用。有趣的是，人们只会谈论如何保护环境，而没有认识到自己与自然的内在联系。

自然幼儿园的日常活动包括减少污染物、减少能源使用、可持续性（全球视野）、注重健康饮食和生物多样性。在我们提倡的方法中，我们也通过道德贸易来实现可持续性环保。我们寻求有机的解决方案，并形成一个团体来处理本书中详尽阐述的所有细节，这也是我们对未来憧憬的一部分。

自然教育和自然保护之间总是有平衡的。如果儿童有了保护环境的动机，他们会主动探寻周围的世界。不可否认，儿童在生命的不同阶段与自然的接触方式会改变。与两岁儿童相伴的好处是自然成为他们学习环境的核心。通过在自然空间中的活动，增强儿童的感官发展。（Warden，2005）许多家长选择了自然幼儿园，因为他们自己从小就有采摘雏菊或做泥汤的经历。他们自身的理解来自在自然环境中的游戏以及由自然激发出的情感。

在这个项目工作中，我们与自尊心较弱的家长一起在富有挑战性的环境里共事，显然，他们当中很少有人，甚至没人有户外活动的记忆。对于这些成人来说，他们的环保意识和支持多来自外界的影响，而不是内在的动机。因此，他们感到与自然的联系很少，往往更多集中在更直接和明显的动机上。希望通过这次与这些团体的合作，他们会有所领悟，并由此作为进一步发展的新起点。

人群进入自然空间，当然会对环境造成影响。地区的多样性可能非常脆弱，通过与人类接触，可能会完全改变——许多娇嫩的植物在被踩踏几次后就会死亡。如果我们观察一个人的"足迹"，然后把它倍增为一个群体，很明显，我们需要查看站点管理，以便让大量使用的区域得到喘息，让里面的生命得到重新生长和适应。

无论是在海滩上还是在森林中，在引进自然幼儿园的方法时，自然环境和栖息地保护之间都要达到一种平衡。自然空间需要受到爱护，并在一定程度上得到保护。在野外工作的一个考虑因素是要创建一个关于如何使用站点，力求减少对自然影响的管理规划。在有数百亩土地的地方，可以去尽可能多的地方，或是改变行程路线以减少对自然的影响。在较小的空间中，对自然环境的影响会变得非常明显，并且在某些情况下需要小心管理。如果进入英国的大多数国家公园，里面都会有一条指定的路径，活动会被集中在面积较小、可管理的区域，从而使其他地区不受影响。我们在自然幼儿园的活动空间里保留了野外区域，这些区域由儿童用自制的围栏划定。

当我们的自然幼儿园室内室外变得泥泞不堪、满是积水时，必须立即采取一些措施。在高频使用区，我们会用木屑代替草。覆盖着树皮或木屑的区域会标出更明显的路径，这有助于减少草皮区域的消耗。儿童已经成为这些空间的守护者，并且已经懂得用一些棍棒和警戒标志带标出那些需要一段时间才能恢复的区域。

儿童开辟出曲折的路径，这种方法使得他们对该区域的影响降到最小，也让地表在一年中最艰难的几个月得以恢复。路径是由儿童选择的，他们用绳子标出应该割草的位置。林中空地为儿童提供了游戏的天堂，但仍然有脆弱的植物经不起太多的折腾。为了划出这些区域，儿童自己设计、制造并安装了这些警戒标志。考虑到他们的年龄，我们不使用由约瑟夫·康奈尔（Joseph Cornell）等人定义的传统的户外游戏。我们相信儿童会热爱自然，并保护他们所爱的东西，而且这很有效，因为大多数儿童对这种方式都表现得情绪高涨。

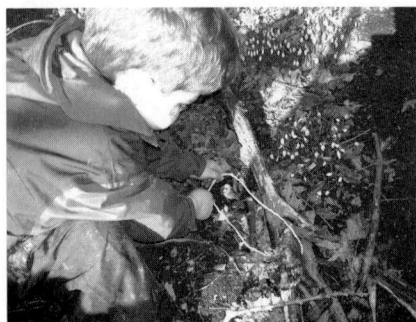

据我所知，许多幼儿园都有关于采摘野花的规则，原因是显而易见的。然而，在那些2—6岁儿童玩耍的地方，制作花瓣香水风靡一时。罕见的兰花被摧毁，这确实令人担忧，但是，通过采摘雏菊来探索其美丽难道不比短期内的损失更好吗？自然会循环生长更多的花，有时只需要几天。

知识学习一定是重点，目的是提高儿童和成人的总体素质和认知水平。针对植物做现场调研，重点认识哪些植物属于多产的生活资源，并加以采集。这些过程同样会培养环保的习惯，在自然幼儿园里出现附子的时候就印证了这一点。

赋予儿童力量的是知识，是那些动植物的形态，而不仅仅是那些术语。知识必须与他们的周围世界有关，因为知识与此相关联。知识或是智慧会超越自身广阔空间的界限，有利于城市和农村的环保。

在我工作的一些更具挑战性的环境中，开放的小型林地提高了所有人对破坏环境的认识，他们破坏的地方正是可以为他们提供许多资源的地方。在照看和管理社区林地的过程中，一些团体寻找到了以前不存在的社区联系。使用这些空间对儿童和许多支持他们的群体都是有益的。

我们对自然环境的保护手段也是我们尝试在自然幼儿园中发展的文化之一，这也激发出我们对自然世界的潜在认知。在英国，这样的知识通常来自专业的护林者。他们通常是被赶出室内课堂的（因此称之为一个"意外"的机会）。为了使自然环境成为教学空间的一部分，我们需要了解如何利用学校和服务中心周围的自然环境来与教育者联系，从而使其渗透到日常教学中。

当使用偏远地点，如森林学校时，应始终考虑接送儿童的影响。生活在农村社区的人们随处可见车辆。然而，在没有交通工具的情况下，我们不能限制进入自然的儿童数量，在某些情况下，还不包括那些最能从自然中获益的儿童。最终，所有学校和幼儿园都能使用这些自然空间或森林学校，这将会是一件美妙的事情。为此，牛津郡郡议会制定了一个规划大纲，建议新的幼儿园要建在离森林15分钟路程之内。但是对于英国的许多地区来说，落实这种新理念仍然遥遥无期。

自然幼儿园的儿童都以最实际的方式关心着室内外的环境。生态学校课程是教育机构自我评估课程中的一项绩效指标。该项目的重点是减少废物、管理、健康饮食、能源使用、生物多样性和可持续性。自然幼儿园里有专门收集水的大桶，可供儿童玩耍和给植物浇水，有回收箱、堆肥箱和许多利用可持续生产材料的案例。许多系统，如饲虫箱都是由儿童设计的，它们通常由天然材料制成。我们的目的是减少对自然环境的影响。

在某些情况下，花园里使用的材料是从一些区域收集的，以尽量减少对野生栖息地的不良影响。为了增加空间的生物多样性，自然幼儿园设置了野生池塘和栖息地"篮子"。围栏和入口处由儿童创建，以提高儿童对空间的灵敏度及保护自然的意识。

总之，人类获取动植物无疑会给自然造成一些伤害。自然保护意识的增强和知识的增加可以给人类带来积极的影响，并且让人类与自然环境产生更深的情感联系，激发保护环境的内在动机。

生态学家、环境心理学家和其他人认为，我们对生命有天然的亲和力以及天生的热爱。（Kaplan，1989；Orr，1994）。这种对生命的亲和力被威尔逊（E.O.Wilson，1984，1992）称为"生物性的爱"——一种对自然的爱。如果这种天生的热爱没有得到鼓励或者没有机会在生命的最初几年得到蓬勃地发展，那么相反，生物恐惧症（厌恶自然）就可能发生。

生物恐惧也表现在"客观地看待自然"并将自然视为仅仅"要使用的资源"的倾向。（Orr，1994）有一种倾向是，如前所述，以"罐装自然"的形式呈现给儿童，而不让他们自己探索。忽视儿童的认知方式，导致他们对自然的认识过早抽象化，可能引起恐惧症，而不是对生物的恐惧。在许多基于自然的项目中，情感探索和智力任务之间的正确平衡是一个挑战。然而，评估数据往往比理解认知模型要简单得多，这意味着那些单纯着眼于影响的项目往往忽略了有效的领域和实践。童年时期的经历形成的价值观、对待世界的态度和基本取向会贯穿人的一生（Wilson，1994a）。因此，也就不难理解，儿童早期在自然环境中的积极体验，经过反复确认后，被认为是与环境行为相关联的"重要的生活体验"（Chawla & Hart，1988），同时还有自然生物学的发展。"如果在年轻的时候没有把自然视为一个充满冒险和兴奋的亲近之地，那么对生物的热爱可能就不会扎下根来。"（Orr，1994）

案例研究：我们的野外生活

我们的生态学校项目的一部分包括饲虫箱的订购、交付以及孩子们帮忙安装。他们看着放出来的蚯蚓数道："1、2、3，它们动了，它们都捆在一起了，它们打成结了！"一个四岁男孩仔细观察并给蚯蚓挠痒痒，帮它穿过饲虫箱的窄洞。

在树林里，孩子们发现了更多的蚯蚓，

想把它们带到花园里，放到饲虫箱里："一条大蚯蚓，我发现了一条巨大的蚯蚓！""我可以看到血液在它的身体里。""它只是滑动。""血推着它的身体。""蚯蚓没有腿，它们只是扭动。"孩子们仔细观察着蚯蚓的运动，持续了半小时，看着它爬上堤岸。在讨论了生物多样性之后，孩子们一致同意最好把蚯蚓留在树林里，为它们创造一个特殊的林地沃土。他们设计并创造了自己的饲虫箱："这是墙，它们知道它们的房子在哪里。这里写着十万，意味着我们的箱子能容纳十万只虫子！"

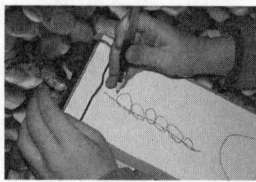

孩子们对自然保护的兴趣一直持续着，他们非常热衷于在幼儿园里建设其他栖息地。

一个四岁女孩说，她很久没有看到蟾蜍了，接着讨论的话题变成了他们如何能够鼓励野生动物回到花园里："蟾蜍花园，人不能进去。""这些紫

色的花是给蝴蝶准备的。"这些是他们的一些想法。

孩子们共同设计，然后在花园里开辟了一个区域，这会促使野生动物繁衍生息。他们认为要设置障碍物来确定人们可以在哪里自由行走，哪里是蟾蜍的空间。"围栏上有窗户，这样我们可以看到里面，还有一扇大门，这样我们可以进去，但并不是所有时间都开放。"

孩子们用一个旧篮子，再加上棍子、竹子和其他植物为小动物们创造了一个适宜的栖息地。

篮子成为接下来数周的焦点。孩子们挑选出他们认为蟾蜍会喜欢的"特殊棍棒"和"美味食物"。他们还使用了一些适当的工具切割材料，如长柄剪刀和修枝刀，修剪之后就能装进篮子里。孩子们对环境的把握和数学概念的运用与计算一样准确。他们把棍子切成精确的尺寸，如一厘米，或者一根棒棒糖的长度，用来填满篮子里的所有空隙。随着里面的东西开始腐烂，每一组来参加的孩子们都将这些混合物添加到他们的"美味食物"中。

孩子们的努力终于得到了回报，他们在围栏里发现了第一只蟾蜍，很快池塘里的蝌蚪变成了他们每天都能观察到的小蟾蜍。在野生花卉区很快出现了草蛉和蝴蝶，当孩子们在石墙上发现田鼠时，他们一致认为现在所有的动物都回到了他们的花园里。

在开展新项目时，向自然的索取和自然保护之间的平衡一直是一场斗争。一本地板书可以用来见证儿童对自然环境的认识和保护意识的不断提高。未来若干年后，希望会有团队继续研究这些想法，进而实现彻底的改变。

要点

- 童年期与自然环境的情感联系是之后生活中欣赏和保护地球的基础。
- 通过儿童设计的项目，如修建围栏，可以探索对环境影响的平衡。
- 在探索的早期阶段，需要平衡有关自然世界的知识和情感。

第十九章

自然教育方法的可持续性

离开舒适的城市，跟随直觉走进旷野，会有美妙
的发现，会形成新的信念。

——艾伦·艾尔达（Alan Alda）

卡恩（Kahn，2002）对"环境代际遗忘"概念的研究结果着实令人担忧，每一代人都以他们所处的环境为规范。这就意味着每一代人只会被自己一生的辗转风波所困扰，而不会意识到世世代代的重大变化。若把这一概念比照当今社会，那么我们该如何挑战它呢？作为教育工作者，我们又该如何提出挑战规范的不同视角？和儿童讨论长期、全球性的问题并不容易。然而，作为成人，我们可以让儿童通过在自然中长时间地体验，而非从一本书或一台电视中获得的二手经验来欣赏和理解周围的自然世界。如此，他们便能在晚年有回忆可追，有情感可思。

本书对自然幼儿园方法的可移植性做了定义。本章将探讨在不同的气候和文化环境下，以及在那些努力支持儿童享有户外活动权利但该种权利受到文化规范排斥的地方，自然幼儿园方法的可移植性。

纳巴汉和特林布（Nabhan & Trimble，1994）认为，童年中期，从7岁左右开始直到青春期，儿童的大脑在生理上发育得很好，但还未达到成人的水平。此时，一旦爱上宇宙，儿童便有了玩耍、想象、创造和吸收的潜力（Cobb，1977）。如果事实真如纳巴汉和特林布所言，那么本着与自然建立联系的目的，我们应该关注的不是5岁的儿童，而是7—11岁及以上的儿童。在儿童第一段学习经历中，为他们创造空间，支持他们对宇宙的热爱，这将是多么美好的事情啊！在苏格兰，我们有一门相当棒的课程来配合这种积极的学习方式，但并不是所有学校都真正为11岁以下的儿童提供户外学习的机会。在英格兰和威尔士的基础教育阶段，人们都认为7岁的儿童应该有机会进行户外学习。

无论是教育工作者、自然幼儿园抑或是用地板书和儿童进行沟通的教育机构，看到我们的工作激发了一些创新型实践，我总是很高兴。越来越多的创新型农村小学分享他们走进自然的户外实践，所有参与其中的人都发现自然充满神秘和魔力。正是这种神秘和魔力激发了儿童的好奇心，赋予了他们丰富的想象力，也带来了新颖的游戏方式（Moore & Wong，1997）。

我们面临的问题，一是如何将上述元素转移到具有挑战性的地方，如那些破坏度高、城市化水平高或者可以规避风险的地方；二是努力将这些元素留在儿童的学校生活里。

正是基于这一目标，我们的工作更侧重于城市化地区，方法是短期体验森林学校，或是真正地、全天地体验自然幼儿园。

这种方法的真正优势在于，它可以融入其他环境和课程中，可以从我们所处的农村地区迁移到城市里，从一个国家和文化迁移到另一个国家和文化中。接下来是三个案例研究，探讨了自然幼儿园的发展。当人们与我们分享他们的故事时，我们也分享他们的故事，以期他们能给我们带来改变的动力。

该方法在英格兰南部城市的应用

在英国各地推广我们的自然幼儿园的理念与方法时，我遇到了彩虹幼儿园里热情洋溢的工作人员。彩虹幼儿园设在住宅区的一间小屋里（我们亲切地称之为"绿色小屋"）。这些孩子的年龄为2—4岁。游戏室能通到户外。幼儿园里有露台，但用得非常少，一般只在搬塑料材质的成套设备时会用到。

他们已经开始使用地板书，但距离接受英国教育标准办公室（OFSTED）的检查只有三周时间了，检查人员要评估手册质量。2006年，一群业内人士从英格兰南部来到苏格兰体验我们的自然幼儿园。孩子们不会出现在这种场合，这样，成人才可以坐下来好好沉淀，玩一玩，四处走走玩玩，反思自身处境，思量环境对自己的感觉和思维方式的影响。对方法进行培训是体验的一部分，如此一来，思想可以汇集成综合的学习体验。就每个独立的自然幼儿园而言，其特色反映在地板书上，所以家长在孩子学习过程中扮演的角色会引发讨论和反思。总体而言，他们讨论了倾听孩子以及考虑要记下多少内容的技巧。地板书的目的在于通过交谈和其他更普遍的交流形式提升孩子们的想法。他们的目的之一是为成人提供研究，以反思他们的工作实践，并帮助成人理解儿童的学习方式。彩虹幼儿园有两个方面需要探索，一个是对户外自然的利用，另一个是对沟通式的规划方法的发展。

改变的第一步是要承认需要改

变，然后要决定变成什么样子，最后确定如何改变。当地部门的支持表明，经常进行户外活动是好事，孩子们应该是规划的根本。地板书中记录了交谈内容，里面满是让成人吃惊的想法，一直以来，都是成人在为规划做决定。孩子们创造了角色，并为室内和户外活动的设计提供了想法。

工作人员想要掌握自然幼儿园方法的决心非常坚定。设计露台原本是为了让孩子们能够直接穿过露台到外面，避免走台阶。露台挪走后，一块更大、更低、长着几棵树的区域露了出来。我们讨论了自由、激励自主和知觉教育的概念，这三者也自然而然地出现在孩子们身上。孩子们开始要求到外面去，工作人员也开始对自然有自在之感。从阿姨到祖父母，再到社区所有成员都参与其中。当地建筑商丢弃的废物和多余材料在户外被赋予了另一种生命，我们随之换掉了旧的塑料设备。

空间中央保留了从前堆沙子的区域，塑料材质的物件被藏起来，以创造出视觉上的宁静空间。我们用盒子充当爬高工具，鼓励孩子们前进一小步接近目标。这给了孩子们一个看待所处环境的不同视角。

工作人员冷静地对待孩子们从高处跌落的风险，此外，通过风险评估，他们确定了与孩子们讨论有关安全攀爬和跳跃的问题是关键。

除了高度，工作人员又研究了洞穴和之前未被发现的地方。一个未使用过的角落被旧露台挡住，形成一个洞穴。孩子们拿简单的循环再利用材料装饰洞穴内部，如此一来，他们便真的感觉洞穴就在那里。这里发生了许多故事，有过很多次聊天，显然孩子们在这里过得很舒服。

工作人员用金属环把竹子横着固定在栅栏上檐，以建造一个平衡的支点系统。这样一来，孩子们就可以把捡来的鹅卵石、木头和沙粒放到斜坡上滑下来。工作人员用旧轮胎制造小沙坑。各式各样的材料对孩子们的知觉教育至关重要，因此，相比中等大小的沙坑而言，越小的、花样越多的工具更能在小范围内为孩子们创造出富有挑战性的玩法，中等大小的沙坑毫无变化可言。鼓励孩子们去研究农产品，如西红柿和土豆，这样他们就可以体验收获，而不是简单的种植。许多小地方即便是收集种子重新种植也没有办法收获，没有鲜花，也买不到水果和蔬菜。孩子们要尽可能多地走出去，走到野外树林。彩虹幼儿园的案例明确表明，空间不需要很大，但心态上确实需要改变。连贯性意味着不会停止，随着自然的影响开始显现，我们下一步要解决的是室内环境，目的是让其变得更温和，在视觉上变得更简单。

该方法在新西兰文化精神中的应用

在 2007 年世界论坛及惠灵顿儿童空间会议上时，我遇到了彻丽，她是一位充满热情的学前教育工作者，在新西兰北部地区的旺格雷工作。感谢彻丽，一年后我有机会向新西兰北部地区的一大群从业者做演讲。在那次会议上，所有与会人员都在彻丽的开放空间工作。开放空间是一所幼儿园，照看 6 个月到 4 岁的孩子。幼儿园地处石墙之间，被美丽的田野和茂密的森林包围。2009 年，"野外树林"举办了为期三天的户外会议，探讨了新西兰自然幼儿园的发展。大家相信自然，相信我们同自然的联系，但现在似乎是建立更坚实的承诺框架的时候了。毛利文化很好地融入新西兰。很明显，孩子们每天的经历可以与土地建立起实质性的联系。一群爱好者成立了一个独立机构，名为"自然现象"，目的是促进自然学习的发展，森林学校和自然幼儿园也是如此。基于在苏格兰的自然幼儿园看到的，开放空间团队在距中心 10 分钟步行路程的地方建立了"野外树林"。

新西兰的课程"TeWhāriki"[1]在全世界众所周知。但是，随着政府政策的变化，随之而来的一致性问题以及不断变化的评估和监测方法也可能与以前不同。然而，所有政府和政策的变化对儿童的自然行为起到了推动作用。放眼全球，它们在许多方面都是相似的，而这应该是我们不变的指南。孩子们每周去野外树林三次，他们有专门用来攀爬的树木，有用来跳跃的树枝和石头山。这里有一些人造的东西——一个由石头和草皮搭建的舞台、一座假山、一间用石块和木头搭的小屋、一个火坑和一堵编织的竹墙。这里有鹿、猪、羊和马，孩子们被鼓励用水和食物来照料它们。

土地是毛利人的根基，因为它昭示着未来几代人的发展道路，并为他们的发展奠定基础（Williams，2004）。毛利人相信，所有生命都是有联系的，作为地球上的人类，我们要发扬毛利人对自然的崇拜。护卫蓝天、海洋和大地，这成为成人期望在自然幼儿园内外，尤其是孩子们在野外的"存在"方式上推动发展和延伸的一个领域。重要的是，毛利人和非毛利人一道思考他们与自然的亲缘关系，以及在这样一个环境受到威胁的世界里，这种亲缘关系是如何起作用的。

2009 年 7 月，教育工作人员汇总了迄今为止他们这一路走来的想法（取自他们的学习故事）：

＊想要运用"Kaitiakitanga"[2]，就需要理解一些传统概念，如灵性、精神限制和生活原则，并与现代环境联系起来。

＊今天我们是如何表现关怀的？孩子们非常喜欢野外树林里可以攀爬和玩耍

1　毛利语，指新西兰幼儿教育课程，含义是"编织垫"。该课程由健康、归属感、贡献、沟通和探索为主线，每个线索由基本技能和基本知识穿插而成。——译者注

2　即护卫环境的意识，其中前缀"Kaitiaki"是守护神的意思。守护责任和护卫环境是毛利传统的价值观，即提供高品质生活体验的同时更坚持对环境的保护。

的树木。罗汉松特别粗壮，很多树枝可以攀爬。我爬过这种树，目的是为孩子们测试它的韧性和安全性。一个女孩担心我爬树不安全，所以我就下来了。这片树林有灵性，树木生长茂盛。那天，我停下来向孩子们讲解了不同地区尼考（nikan）棕榈树的繁殖再生。围场里只有几棵美丽的树，但有很多幼苗。孩子们发现了一只蜘蛛，小心翼翼地把它放在木屋的树枝上，这样"小宠物"就可以和他一起玩了。孩子们对这里的生物很小心，他们拿掉石头，小心翼翼地把动物带回它们的家。

* 一些孩子在树林里创作了三维艺术。孩子们想把它们带回家，我们还就这一想法讨论了一番。它们应该留在树林里吗？我们应该从这里把它们带走吗？我们只在有需要时才收集不同的材料和宝物在中心使用。通过这种方式，孩子们和教育工作人员都尊重和支持居住在帕帕塔努库和塔恩马胡塔的毛利人的成长。

* 当我们停下来吃午饭时，我们唱了"瓦纳卡"。一开始，孩子们唱得很滑稽。我们沉默不语，听着周围自然的声音。然后一个女孩开始独自唱歌，我们带着敬意倾听着。我们收集食物残渣，在返回中心的途中给动物们吃。作为野外树林的守护者，我们看护并尊重自然。所有带到野外树林的设备都被带回中心。如果我们白天还需要，就把设备存在空心树中。我们尊重该地区自然而然的成型方式，不干涉它的布局，在儿童、教育工作人员、帕帕塔努库和塔恩马胡塔之间建立联系。

开放空间中的"野外空间"有种庄严感，它为现在所用，也为子孙后代着想。

下一步是深化教育工作者的知识储备和技能，认可他们的想法和思考。这可能会创造一种更基于自然的条件，引发一种对全球更深入的理解，激发人们思考这对新西兰的教育工作者和孩子的意义。这将影响到教育工作者的信心、父母对野外树林重要性的认识以及认证机构的支持（认证机构的支持会影响教育的许多方面）。2010年，"野外树林"里又开展了一项深入的训练活动，故事还在继续。

该方法在澳大利亚不同气候带的应用

我们生活的国家没有有毒昆虫，没有有毒爬行动物，温度适中。在我们的认知里，澳大利亚是一个高温和风险评估可以写满一本书的国家。这个案例研究给我们展示了几幅来自澳大利亚东部的美丽图片。

同科斯缇的交流激励着我。他在澳大利亚墨尔本附近的圣伦纳德学院工作。我们通过互访分享了彼此的工作。

2009年，我应邀参观他们新建的野外树林，这是他们在参观了我们在苏格兰的自然幼儿园后创建的。学校的操场反映了整个学校对自然的重视和对植物的关心。他们种植了新的果园，养了鸡，正在修建一个小葡萄园。学校周围给孩子们营造了一种自由的氛围。通过展示，孩子们认识到丛林火灾的危害，引发了他们的恐惧和思考。家长和教师全程参与了思考孩子们同自然建立联系的过程。展览和书籍中都非常重视并探讨了水坑和诸如泥泞的斜坡这类风险。早期的地方已经有了室内的自然主义学习精神，并且为孩子们在户外创造了美丽的自然空间，所以最后一步是要探究野外的本质。

孩子们头戴太阳帽运水，每个人都穿着惠灵顿靴子，以尽量减少被蛇咬伤的风险。他们远离长草，避免触摸岩石周围，在到达之前不时地回头观望，孩子们的这些知识在带我经过"守护龙"，穿过野外到达营地的过程中可见一斑。孩子们可以自由选择线路，

有时走桥，有时过沟。大本营里有一个简单的避难所，就在火区附近，目的是防止火灾蔓延到地下，它还可以为孩子们遮阴。水源距离不远，既可以用来学习也可以用来灭火。家长和我们一路同行，因此即使 6 个月大的孩子也可以参与其中。

我们研究自然幼儿园的经历以及世界各地人们的认可都给了我巨大的希望，学前教育工作者越来越意识到要以何种方式生活，以及如何将可持续这一观点应用到日常教学中。教师们也正在沿着一条类似的路线前进，让所有的孩子无论在哪儿都能与自然紧密相连，这无疑是对我最大的鼓励和认可。

参考文献

Adams, E. (1991). Back to basics: Aesthetic experience. *Children's Environments Quarterly*, 8(2), 19–29.

Adams, J., & Thompson, M. (2002). Taking account of societal concerns about risk: framing the problem. *Health and Safety Executive. Research Report*, 35.

Barnes, P., & Sharp, B. (Eds.). (2004). *The RHP companion to outdoor education*. Dorset: Russell House Publishing.

Bialik, H. N. (1939). *Aftergrowth, and other stories*. Philadelphia: The Jewish publication society of America.

Bixler, R. D., Floyd, M. F., & Hammitt, W. E. (2002). Environmental Socialization: Qualitative Tests of the Childhood Play Hypothesis. *Environment and Behavior*, 34(6), 795-818. doi: 10.1177/001391602237248.

Bodkin, F., & Robertson, L. (2008). *Dharawal: Seasons and Climatic Cycles*: F. Bodkin & L. Robertson.

Bonel, P., & Lindon, J. (2000). *Playwork: A guide to good practice*: Nelson Thornes.

Borradaile, L. (2006). *Forest School Scotland An Evaluation*: Foresty Commission Scotland.

Bronfenbrenner, U. (1990). Discovering what families do. In D. Blankenhorn, S. Bayme & J. Elshtain.(Eds.), *Rebuilding the Nest: A New Commitment to the American Family* (Vol. 6, pp. 07).

Bundy, A. C., Luckett, T., Tranter, P. J., Naughton, G. A., Wyver, S. R., Ragen, J., & Spies, G. (2009). The risk is that there is 'no risk': a simple, innovative intervention to increase children's activity levels. *International Journal of Early Years Education*,

17(1), 33-45.

Carson, R. (1988). *The sense of wonder*. New York: Harper & Row.

Chawla, L. (1990). Ecstatic places. *Children's Environments Quarterly*, 7(4).

Chawla, L. (2002). Spots of time: Manifold ways of being in nature in childhood. In P. Kahn & K. S.(Eds.), *Children and nature: Psychological, sociocultural, and evolutionary investigations* (pp. 199–226).

Chawla, L., & Hart, R. A. (1995). The Roots of Environmental Concern. *NAMTA Journal,* 20(1), 148–157.

Clark, A., McQuail, S., & Moss, P. (2003). *Exploring the field of listening to and consulting with young children* (Vol. 445). London: DfES Publications.

Clark, A., & Moss, P. (2001). *Listening to young children: the Mosaic approach*: Ncb.

Cobb, E. (1977). *The ecology of imagination in childhood*. New York: Columbia University Press.

Cohen, M. J. (1983). *Prejudice against nature: a guidebook for the liberation of self and planet*: Cobblesmith.

Cornell, J. B. (1998). *Sharing nature with children*: Dawn Publications (CA).

Cosco, N. (2007). Developing Evidence-Based Design: Environmental Interventions For Healthy Development of Young Children in the Outdoors. In C. Ward-Thompson & P. Travlou (Eds.), *Open space:people space*. London: Taylor & Francis.

Devall, W. (1984). A sense of earth wisdom. *Journal of Environmental Education,* 16(2), 1–3.

DfES. (2007). *Early Years Foundation Stage*.

Dighe, J. (1993). Children and the Earth. *Young Children,* 48(3), 58–63.

Edwards, C., Forman, G, Gandini, L. (Eds.) (2011). *The Hundred Languages of Children. 3rd Edition.*Greenwood Press.

Fjortoft, I. (2004). Landscape as Playscape: the effects of natural environments on children's play and motor development. *Children, Youth and Environments*, 14(2), 21–44.

Gardner, H. (1999). *Intelligence reframed: Multiple intelligences for the 21st century*: Basic Books (AZ).

Gibson, J. J. (1979). *The ecological approach to visual perception.* New Jersey: Laurence Erlbaum.

Gill, T. (2007). *No fear: Growing up in a risk averse society.* London: Caloustie Gulbenkian Foundation.

Hart, R., & Hart, R. A. (1997). *Children's participation: The theory and practice of involving young citizens in community development and environmental care*: Earthscan/James & James.

Heerwagen, J. H., & Orians, G. H. (2002). The ecological world of children. In P. Kahn & S. Kellert(Eds.), *Children and nature: Psychological, sociocultural, and evolutionary investigations* (pp. 29–64). Cambridge: MIT Press.

Hinchman, H. (1991). *A life in hand: Creating the illuminated journal*: Peregrine Smith Books.

Jersild, A. T. (2007). *Children's fears.* United States: Jersild Press.

Johnson, J. E., Christie, J. F., Yawkey, T. D., & Wardle, F. P. (Eds.). (1987). *Play and early childhood development.* New York: Harper Collins Publishers.

Kahn, P. H. (1999). *The human relationship with nature: Development and culture*: The MIT Press.

Kahn, P. H., & Kellert, S. R. (Eds.). (2002). *Children and nature: Psychological, sociocultural, and evolutionary investigations.* Cambridge: The MIT Press.

Kals, E., Schumacher, D., & Montada, L. (1999). Emotional affinity toward nature as a motivational basis to protect nature. *Environment and Behavior, 31*(2), 178–202.

Kaplan, R., & Kaplan, S. (1989). *The experience of nature: A psychological perspective*: Cambridge Univ Pr.

Keeler, R. (2008). *Natural playscapes: Creating outdoor play environments for the soul*: Exchange Press.

Kellert, S. R. (2002). Experiencing nature: Affective, cognitive, and evaluative development in children. In P. H. Kahn & S. R. Kellert (Eds.), *Children and nature: Psychological, sociocultural, and evolutionary investigations* (pp. 117–151): MIT Press.

Kirkby, M. (1989). Nature as refuge in children's environments. *Children's Environments Quarterly,* 6(1),7–12.

Kytta, M. (2002). Affordances of children's environments in the context of cities, small towns, suburbs and rural villages in Finland and Belarus. *Journal of environmental psychology,* 22(1–2), 109–123.

Kytta, M. (2004). The extent of children's independent mobility and the number of actualized affordances as criteria for child-friendly environments. *Journal of environmental psychology,* 24(2), 179–198.

Kytta, M. (2006). Environmental child-friendliness in the light of the Bullerby Model. *Children and their environments: Learning, using and designing spaces,* 141–160.

Lester, S., & Maudsley, M. (2007). *Play, naturally: A review of children's natural play*: Ncb.

Lester, S., Russell, W., England, P., & Bureau, N. C. s. (2008). *Play for a change: play, policy, and practice: a review of contemporary perspectives*: Play England London.

Louv, R. (2005). *Last child in the woods: saving our children from nature-deficit disorder*: Algonquin Books.

Macfarlane, R. (2007). *The wild places*: Penguin Group USA.

Millward, A., & Wheway, R. (1998). *Facilitating play on housing estates*. New York: Joseph Rowntree Foundation.

Moore, R. C. (1986). *Childhood's domain: Play and place in child development*: Croom Helm London.

Moore, R. C., & Cosco, N. (2000). *Developing an Earth-bound culture through design of childhood habitats.*

Moore, R. C., & Wong, H. H. (1997). *Natural learning: the life history of an environmental schoolyard: creating environments for rediscovering nature's way of teaching*: MIG communications.

Mortlock, C. (2000). *The adventure alternative*. Cumbria: Cicerone Press Limited.

Nabhan, G. (1994). A child's sense of wildness. In G. Nabhan & S. Trimble

(Eds.), *The geography of childhood: Why children need wild places* (pp. 3–14). Boston: Beacon Press.

Nabhan, G. P., & Trimble, S. (Eds.). (1994). *The Geography of Childhood: Why Children Need Wild Places*. Boston: Beacon Press.

Nichols, G. (2000). Risk and adventure education. *Journal of Risk Research*, 3(2), 121–134.

Nicholson, S. (1972). *How not to cheat children: the Theory of Loose Parts*: Landscape Architecture.

Nutbrown, C. (2006). *Threads of thinking: Young children learning and the role of early education* (3rded.): Sage Publications Ltd.

O'Brien, L., & Murray, R. (2006). *A marvellous opportunity for children to learn: a participatory evaluation of Forest School in England and Wales*. Farnham: The Forestry Commission and New Economics Foundation.

Ollin, R. (2008). Silent pedagogy and rethinking classroom practice: structuring teaching through silence rather than talk. *Cambridge Journal of Education,* 38(2), 265–280.

Orr, D. W. (1992). *Ecological literacy: Education and the transition to a postmodern world*: State Univ of New York Pr.

Orr, D. W. (2004). *Earth in mind: On education, environment, and the human prospect*: Island Pr.

Pere, R. (1991). *Te wheke. A celebration of infinite wisdom*. Gisborne: Ao Ako Global Publishing.

Peterson, N. J. (1982). *Developmental variables affecting environmental sensitivity in professional environmental educators*. Carbondale: Southern Illinois University.

Pierce, J. (1977). *Magical child: Rediscovering nature's plan for our children*. New York: DP Dutton.

Pipher, M. (2008). *The Shelter of Each Other*. Riverhead Books.

Pyle, R. M. (1993). *Thunder Tree: Lessons from an Urban Wildland*.

Pyle, R. M. (2002). Eden in a vacant lot: special places, species, and kids in the neighborhood of life.In P. H. Kahn & S. R. Kellert (Eds.), *Children and nature:*

Psychological, sociocultural, and evolutionary investigations (pp. 307–327): MIT Press.

Raglon, R. (1993). Viewpoint: Reading the World: Overt and Covert Learning in Environmental Writing for Children. *The Journal of Environmental Education*, 24(4), 4–7.

Robinson, K. (2011). *Out of our minds: Learning to be creative*: Capstone.

Sandseter, E. B. H. (2009). Affordances for risky play in preschool: The importance of features in the play environment. *Early Childhood Education Journal*, 36(5), 439–446.

Sebba, R. (1991). The landscapes of childhood. *Environment and Behavior*, 23(4), 395–422.

Shaw-Jones, M. A. (1992). *Ecological worldviews: An exploratory study of the narratives of environmental studies students, or, Hearts and minds: Knowing our place in the world*. (PhD Unpublished), Antioch University.

Slade, A. (1991). *A developmental sequence for the ecological self*. (Unpublished Masters Thesis),University of Montana.

Sobel, D. (1993). *Children's special places: exploring the role of forts, dens, and bush houses in middle childhood*: Zephyr Pr Learning Materials.

Spencer, C., & Blades, M. (2006). *Children and their environments: learning, using and designing spaces*: Cambridge Univ Pr.

Tanner, T. (1980). Significant life experiences: A new research area in environmental education. *The Journal of Environmental Education*, 11(4), 20–24.

Taylor, A. F., Kuo, F. E., & Sullivan, W. C. (2001). Coping with ADD: The Surprising Connection to Green Play Settings. *Environment and Behavior*, 33(1), 54–77.

Trimble, S., & Nabhan, G. (1994). *The geography of childhood*. Boston, MA: Beacon Press.

Ward, C. (1988). *The child in the country*: Hale.

Warden, C. (2005). *The Potential of a Puddle*: Mindstretchers Ltd.

Warden, C. (2006). *Talking and Thinking Floorbooks: Using Big Book Planners to Consult Children*: Mindstretchers Ltd.

Warden, C. (2011). *Fascinations*: *Earth*. Mindstretchers Ltd.

Warden, C., & Buchan, N. (2007). *Nurture Through Nature.* Mindstretchers Ltd.

Warden, C., & Spurway, K. (2002). *The Right to be "Me"*: Mindstretchers Ltd.

Warden, C. (2015). *Learning with Nature*. SAGE.

Williams, J. (2004). Papa-tua-nuku. Attitudes to land. In T. *Ka'ai (Ed.), Ki te whaiao: An introduction to Māori culture and society*. Auckland: Pearson Education.

Wilson, E. O. (1984). *Biophilia*: Harvard University Press.

Wilson, E. O. (1992). *The diversity of life*. Springer.

Wilson, R. A. (2008). *Nature and young children: encouraging creative play and learning in natural environments*: Psychology Press.

Wordsworth, W. (1850). *The Prelude-Book* 12.

出版人 李东
责任编辑 徐杰
版式设计 郝晓红
责任校对 翁婷婷
责任印制 叶小峰

图书在版编目（CIP）数据

自然幼儿园与森林学校：探索自然主义的学习方式 /
（英）克莱尔·沃登著；汪文汶，霍小雨译 . —北京：
教育科学出版社，2020.12（2022.1 重印）
（自然教育译丛）
书名原文：Nature Kindergartens and Forest
Schools—An exploration of naturalistic learning
within Nature Kindergartens and Forest Schools
ISBN 978 – 7 – 5191 – 2330 – 7

Ⅰ . ① 自… Ⅱ . ① 克… ② 汪… ③ 霍… Ⅲ . ① 自然教
育—学前教育—教学参考资料 Ⅳ . ① G613.3

中国版本图书馆 CIP 数据核字（2020）第 169214 号
北京市版权局著作权合同登记 图字：01–2020–3328 号

自然教育译丛
自然幼儿园与森林学校——探索自然主义的学习方式
ZIRAN YOU'ERYUAN YU SENLIN XUEXIAO —— TANSUO ZIRAN ZHUYI DE XUEXI FANGSHI

出 版 发 行	教育科学出版社				
社 址	北京·朝阳区安慧北里安园甲 9 号		邮 编	100101	
总编室电话	010-64981290		编辑部电话	010-64989386	
出版部电话	010-64989487		市场部电话	010-64989572	
传 真	010-64989419		网 址	http：//www.esph.com.cn	
经 销	各地新华书店				
制 作	北京浪波湾图文设计有限公司				
印 刷	保定市中画美凯印刷有限公司				
开 本	720 毫米 × 1020 毫米　1/16		版 次	2020 年 12 月第 1 版	
印 张	11		印 次	2022 年 1 月第 3 次印刷	
字 数	178 千		定 价	35.00 元	